Metanoia Rapsoda

DAVID REY

METANOIA
RAPSODA

ediciones | **la tempestad**

Metanoia Rapsoda

Primera edición: septiembre de 2018

© David Rey

© de esta edición: Ediciones de La Tempestad SL, 2018

Ediciones La Tempestad®
c/ Pujades, 6 - Local 2
08005 Barcelona
Tel: 932 250 439
E-mail: info@llibresindex.com
www.edicionestempestad.com

ISBN: 978-84-7948-155-1
Depósito legal: B-24.160-2018
Impreso en la Unión Europea

La diferencia, que podéis discernir, de referirse la noche del sábado a la madrugada del domingo, es como la que hay entre lo mediocre y lo definitivo.

Sumario

Prólogo

Porque me dedico a ser muy detalladamente elocuente sobrentendiereis mis textos que no implicaren una cuantiosa complejidad, aunque los otros parecieren tenerla —acordaros de la frase los problemas difíciles tienen soluciones difíciles, pese que un mismo bien si es más sencillo es mejor que el otro y me esmero para cumplir esta regla, y no pueda tener mi escritura en todos los casos la máxima precisión en su forma—, siéndoos más comprensible la motivación de mis maneras escritoras y el entendimiento e ininteligibilidad que conllevaren si supusierais la cuantiosa abarcadura e intensidad de las concreciones que sin excepciones quiero obrar en éstas; no llegare nadie a tanta responsabilidad redactora así de general, siendo una de las distinciones de este libro respecto los demás, y como se fundan así mis textos incluyendo bastantes designaciones novedosas aunque relativas a las acepciones, os requirieren (si fuereis capaces intelectualmente) un gran estudio y memorización de los cuales para comprenderlos, y sólo entonces comprobareis la auténtica ausencia de contradicciones en lo que afirman y niegan estos. No sabéis, a priori, las posibilidades tan cuantiosas, a menudo sinonimias, que hube de sopesar para que sean definitivas bastantes designaciones de esta obra poética, en la observación de sus trasfondos a través del recuerdo de mis escrituras previas más definidoras concerniéndolas, las últimas muy obradas en 2017, que me ha sido un año tan escandaloso como crucial para ofertárosla.

La situación pudiente de algunos, quizá bastantes, escritores y escritoras, permitiere la publicación de sus obras literarias, me refiero en concreto al poder acerca del crédito y reputación de sus vidas, y tal vez para conseguirlo hayan leído muchos más libros, sus vidas fueren mucho más normales, más sociales, hayan estado en muchos más sitios, respecto yo; tengo en cuenta la sapiencia del prójimo y el resto de los aspectos que las personas humanas podemos tener en noción como virtuosos que ignoro, o bien, me parece ignorar, y lo cual me amilana: el temor es beneficioso, pero, el espanto es perjudicial. Mi vida ha seguido y continúa a sus 35 años largos un camino fuera de lo comúnmente relacionado con lo normal —atribución a la que me refiero cuando cito a secas lo último en este prólogo— y con marginalidad, sin llegar a extremos como el vagabundeo, la mendicidad, o la mala vida de vividor, la última palabra que jamás he sido del modo que se suele sobrentender; desde mi nacimiento y hasta el empiece de mi adolescencia fui normal, pero pequeñamente según mi punto de vista actual, es decir, que podéis tal vez ser más grandes que yo en cuanto a normalidad se refiere. Esto que cuento es una parte del panorama y otra os la describe el poeta de mí aquí mediante versos y prosa, en lo que he sido sin excepciones acabándolo y en todo momento un hombre de bien, o sea, que se lo ha propuesto siendo éste lo que observo como tal, a su vez queriendo la máxima sinceridad en mi dictamen (el punto de vista que se contempla acerca de cualquier modalidad) así. No sé cuánto de apropiado, pardillo o temerario lo criticareis; estoy seguro que es valiente.

Sobre mi vida una hipótesis (que cuento en todo el párrafo según lo que observo realista) es que desde su inicio fue construyendo una pirámide en mi interior, es decir, un sitio para llevar lo físico (la materia y el vacío no simbólico) a lo supremo de lo metafísico, o sea, en tal perfección lo psíquico (que es cualquier medida de lo perceptivo, refiriéndose en el libro a veces mencionando lo físico, y otras citando lo sobrenatural a lo que es inherente, como cuento en mi tesis del cosmos, siendo lo demás pensativo la admonición), sobrenatural y figurativo, 3 de sus lados visibles, siendo lo mejor de lo material el cuarto y el vacío no simbólico inmejorable el quinto, oculto como éste; el cosmos es lo físico y lo metafísico, el universo es lo cósmico excluyendo lo figurativo, lo espacial es ello exceptuando además el vacío físico, lo sideral es ello quitando también lo sobrenatural, lo astral es lo espacial eliminándose lo psíquico en vez de lo sobrenatural, los mundos son cada una de estas 12 divisiones en cualquier cualidad y calidad, siendo su conjunto la globalidad. Cuando se terminó esta arquitectura piramidal, empezó la regencia de las reglas y normas extraordinarias de su interior en el de yo, al igual que según cuentan dentro de las pirámides de Egipto cambian su funcionamiento los relojes de pulsera de sus visitantes, por lo que me aconteció la expresión perder el compás, respecto lo atribuido comúnmente a la normalidad del prójimo y de lo demás, en un proceso evolutivo y a veces no progresivo; estas fabricaciones y leyes también provenían —o entraban en un interior, en este caso yo— del exterior, y lo cual ocurre en el presente, y sucederá. En este periodo fui obrándola y este libro la es, pero frágilmente y para ir consolidándola se necesita más de mi trabajo hasta que el proceso termine, dé resultado, que fuere cuando se consiga definitivamente el silogismo esencial contemplable físicamente en congruencia con todo aspecto; el razonamiento en la humanidad menos estricto, que es el paralogismo, o bien, en otro caso, el silogismo pero en otras modalidades, que es la reflexión, aquí tienen, en principio, los límites circunstanciales de ésta, es decir, no se acaban hasta que se alcancen los últimos. La finalidad de lo que os cuento en cualquiera de mis páginas es que se encuentre el máximo bien de éstas, y que conciernan lo demás que suscitan son ciertas posibilidades.

Si fuere yo la clave esencial es porque hice y hago lo crucial de este modo, por lo que estuviere en la analogía de su problemática y desenlace, y si no, con la misma intensidad pudieren acaecerme; hay en multitud los 2 primeros aspectos, y encontrárseme montando, o si no, armando, una carpintería de aluminio, y, si haciéndose lo primero resultare, aconteciere lo máximo el hecho de clavar en el sentido de acierto y la cruz refiriéndose a lo correcto de la positividad, mientras que la acción de lo segundo fuere clavar significando dación mala y la cruz en sentido peyorativo que la concerniere. Me refiero en las anteriores hipótesis metafóricas del párrafo a la vigencia, que no se corresponde necesariamente con la decencia (la dignidad física), por tanto lo verdadero no es imprescindiblemente una correspondencia con lo real absoluto, puesto que para ser lo último la realidad incluye la calificación en la exactitud, así pues el bien excelsamente: lo que es correspondiente con tal perfección es lo realista (que del modo más intrínseco es sólo el simbolismo), el realismo, y la realización es lo real excluyéndose esta gran relación calificativa.

El caballito de mar parece el símbolo porque allí está bastante estático, por lo que su presencia es metáfora de lo figurativo (cuya informidad, estática, única e incambiable en su modo de creación, también describo no en este libro y con más detalle); lo metafísico siendo sólo realización es lo que subyace, puesto que es un modo ocultando lo realista este animal en la bajeza del mar (respecto el nivel del suelo), y lo que metafísicamente se corresponde grandemente con el realismo es lo sublime porque la otra manera que metafóricamente es el équido marino en tal bajura, equivale a lo superior (como subiendo al igual que lo que se sublima va directamente de la solidez al vapor). En todas las afirmaciones (o negaciones que le son implícitas) que escribo, me propongo encontrar lo último en lo que designan mis palabras, y no se me confirma la medida de la correspondencia con la realización de ciertos aspectos que éstas suscitan, siendo una parte de estos evidencias archiconocidas, o bien, estuvieren dentro de la poquedad del abarcamiento interpretativo, en las personas humanas con una mínima decencia concerniente a la ortodoxia de la sapiencia, permiso del convencional saber proporcional a la inteligencia y ciencia (aunque respecto lo último hubiere quizá más confundimientos) pero según el alcance y accesibilidad de la información que permite todo ello en la persona, en los entornos que nos condicionan tanto y también haciéndonos incondicionales.

Nací en marzo de 1982 en España, por lo que fui creado el año anterior, pocos meses después de su golpe de estado, y lo último de otro modo, en mí de niño estuvo fuera del golpe, exceptuando, por ejemplo, mis frecuentes resfriados. En febrero de 1993 mi abuelo falleció, y empecé a instalarme permanentemente en su piso, así ocurriendo hasta hoy, estando cerca del que iba mudándome cada vez más, y este traslado fue causado en gran medida por la negligencia de mi padre respecto el mantenimiento, del cual y de otras necesidades familiares; en julio de 1994 enfermé de varicela y empecé a darme cuenta muy intensamente de mi soledad, de su realidad. En el curso siguiente mi rendimiento escolar bajó, empecé a llevar gafas, y la presión de los estudios me agraviaba demasiado, lo que iba a aumentar porque mi propósito de ser buen estudiante, de cumplir con sus deberes, gastaba mucho mi tiempo y con grandes esfuerzos en el masoquismo. En septiembre de 1995 mi hermano se casó, por lo que se fue de la casa de mis abuelos —aunque la iba a ir frecuentando—, donde se quedó a vivir bastante de continuo antes que yo; hasta 1998, cuando se puso en venta el otro, fuimos mi madre y yo a caballo entre ambos pisos, cada vez menos, sobre todo yo. De siempre en el colegio estuve sin poder moverme, me refiero al sentido simbólico; como anestesiado, conocía lo que decían mis compañeros y compañeras, su gracia y sus gracias, y, yo a penas podía hablar lo básico: me limitaba a ser un buen estudiante y alumno, y a ayudar sobre todo a 2 en sus estudios, que fueron los más amigos de la clase. A los 14 años y medio era de los más bajos de estatura entre mis compañeros y de los más delgados. Mis rituales iban a peor, por ejemplo, caminaba en casa muy despacio porque de lo contrario percibía que me mareaba y no giraba rápidamente la cabeza por lo mismo; me volvía cada vez más hipersensible y mi pérdida de peso se iba notando cada vez más. Seguía en el piso de la abuela, con ella y mi madre; para navidades de 1996 me hacía ilusión la compra de una máquina de ajedrez electrónica, pero, no había dinero para ello, como tampoco lo hubo para el ordenador que me prometieron para el verano anterior, siendo todo motivo de gran tristeza y aburrimiento en mí. En enero o principios de febrero de 1997 fui a la consulta privada de mi pediatra de cabecera, más bien por mi estado físico. Estaba siendo víctima de mi simplicidad y de la falta de recursos de mi entorno para cambiarla.

Un jueves sobre la siete de la tarde, a mediados de febrero de 1997, tras ir al lavabo una sensación de insensibilidad en mi tubo digestivo me estremeció, hasta que sobre las nueve y pico me asusté más por no poder cenar. Lo que imposibilitaba mi deglución de esta comida y bebida, incapacidad casi completa incluso respecto mi propia saliva y que iba a seguir durante días, fue desde mi punto de vista entonces mi noción espantosa de que algún músculo de mi garganta me lo impedía.

Quizá una semana después, en mi visita con mis padres el psiquiatra llegó a la conclusión acertada que tenía una fobia a tragar, una enfermedad rara, y pocos días después, un lunes, ingresé en un pabellón de psiquiatría de menores, concernido por la sanidad pública, adecuado para el tratamiento de lo que me sucedía. Me parece que cuando a finales de marzo me quitaron la sonda nasogástrica por la que me alimentaban líquidamente empezaron a administrarme cada mañana un antidepresivo, bebiéndolo en jeringuitas, al igual que, así, seguía tomando el tranquilizante en dosis altas que antes me inyectaban a través de la sonda desde que la entraron por mi nariz en el segundo o tercer día de mi ingreso, algo por supuesto traumático para mí, como mi sensación de ahogo y de ausencia de oxígeno con sobrecalentamiento en mi cabeza en las semanas así intubado; después, sin ésta, primero me alimentaban, poco a poco, bebiendo mediante jeringas grandes a mi boca, lógicamente sin agujas, hasta que fui acostumbrándome a tragarlo y masticarlo con normalidad, y posteriormente comí alimentos cada vez más sólidos hasta que ocurrió lo mismo. Tuve el alta a mediados de abril y regresé al colegio, pero, en contadas ocasiones algunas tardes: todo era muy diferente, no lo percibía como una obligación y pasaba completamente de sus deberes.

Estuve 2 veces más ingresado, la tercera más de 3 meses, y tras una terapia a menudo muy dura al cabo del año de su inicio se curó bastante la enfermedad; en mayo de 1998 tuve un cuarto ingreso, involuntario e incomprensible, desde mi punto de vista excusándose por los médicos del hospital con argucias puesto que comía en la cantidad decente, a no ser que quisiesen curar no sé qué porque los rituales habían desaparecido mucho desde hacía bastante tiempo, y después de salir comprobé que se convencieron lo suficiente mis pocos familiares que decidían en el tema para cumplirse casi completamente mi voluntad de no visitarme más allí, aunque tras el alta a primera hora de la tarde, cuando iba con mi madre y con la tripa llena de 3 cuartos de litro de bebida sintética de bote substitutiva de los alimentos con sabor a pintura, como último recuerdo de lo que me solía corresponder allí por quedar en los platos restos en la comida o más cantidad —a mayor proporción, más de esto a beber, y siendo la represalia mínima, porque por ejemplo aquel mediodía fue la última de tantas veces que me introdujeron una sonda por la nariz para administrármelo a través de la cual, y de las menos traumáticas, me parece que fue la única vez que ocurrió estando de pie yo, y la enfermera—, en un taxi supuestamente de regreso a casa, se confirmó mi sospecha que me llevaba a otro sitio, en concreto a la consulta de un psiquiatra privado, y me acuerdo que después de aquel INRI, tras entrar en mi dulce hogar me acosté un rato en la cama de mi habitación harto en todo sentido negativo posible, fatigado, y a pesar de todo con alivio.

Desde que enfermé con ese miedo y hasta la actualidad me he quedado bastante en casa, y me acostumbré a atender la tele y la radio, saliendo a la calle con cierta frecuencia más que nada a pasear, o bien, para cumplir necesidades básicas como compras o esporádicos compromisos familiares, aunque en estos años fui a talleres de manualidades e hice algunos cursos específicos, y uno general del que me saqué el título con celeridad tras el breve tiempo de 4 meses asistiendo a su clase; desde 1998 me ha ocupado con continuidad mi escritura y su mundo, escribiendo cada vez más, pero, no era de los escritores brillantes desde sus comienzos porque aunque en los cuales mis textos a veces estaban bien orientados o fundamentados, tenían a menudo abundantes imperfecciones, o limitaciones en general, y tuve crisis dictaminándolos, por ejemplo destruyendo muchos en 2000 y 2001, y mi experiencia que la ha concernido durante lustros me sirve más para descartar en mi noción la alteración de mi sabiduría, y menos para afirmar su certeza, así pues, he ido aprendiendo de muchos errores, o, si se mira de otro modo, la cantidad de balas desviadas que he disparado han estado indicándome cada vez más el espacio donde no iban los lanzamientos, es decir, el blanco, lo que le sucediere más o menos al prójimo normalmente, pero, lo último no fuere un progreso en todos los casos porque estándose en ciertas condiciones hiciere tender a la dejadez, indiferencia o a la ausencia de apasionamiento que lo incumbe: es lo que ocurre a veces al dar todo por hecho, o bien, encontrárselo hecho, y cualquiera no debe bajar la guardia, ha de avisparse, pero, sin obsesionarse, o sea, descansando de manera correcta pensativamente, lo último siendo una clave de la capacitación de su listeza, que es el rendimiento bueno de su ser, incluyendo la selección de su memoria de lo que dictamina prioritario, la que diariamente ha de depurarse descartándose de su recuerdo información que recibe, siendo este filtrado el estrés —y su ausencia la laxitud—, dándose cuenta del cual y castigándose la persona propia que lo percibe, o no, y aconteciendo a menudo inevitablemente por lo exterior, y más actualmente. Mi proceso sapiencial introspectivo que estoy describiendo se ha favorecido en gran medida por los tomos de mi enciclopedia y diccionarios de varias temáticas, en general por la información oportuna a mi alcance.

Ciertas de mis hipersensibilidades me han condicionado mal de sobremanera, por ejemplo en mi convivencia con mi abuela hasta 2003, cuando tenía 91 años —a finales de su verano se la llevó mi tío a su casa, que está a más de 1000 Km., donde residió los 3 años siguientes, hasta casi su fallecimiento—, por su conducta que me desquició tanto y con una nocividad insólita en sus últimos 2 años en nuestro domicilio, lo que no la culpa ni pone en entredicho que me quería, y me condicionaron mal, también, residiendo entre estas paredes viejas estando así como dentro de un altavoz de alta definición por todas bandas, aunque, no obstante, me han dirigido a la genialidad. Tras casi 6 años sin habitar una loquería oficial en 2004 volví a ingresar en una, perteneciente también a la sanidad pública, esta vez de adultos, que es mayor, incluso en su potencia de daño en la clientela y lo usuario, y no fue por esa fobia, ni por alucinaciones visuales o auditivas, sino por el tipo de exteriorización de mi conducta que según yo mostraba mucho sufrimiento, pero, a saber qué más contemplaba de ésta la gente de mi entorno.

Mi vida social se ha mostrado dentro de la comúnmente llamada escasa, por ejemplo, no yendo a discotecas, exceptuando pocos casos y sin mi iniciativa, pero, habiendo dado un rendimiento increíble a mi recuerdo de su espectacularidad en mí, mediante su representación, explicada en mis textos; he fumado menos de 5 cigarrillos, no he tomado drogas… aunque sí bastante medicación psicotrópica. Parece, al menos, que en los pacientes de psiquiatría, y más siendo crónicos, nunca llueve a gusto de todos, y más claro aún que demasiadas veces los justos, o sea, que parte, paga por los pecadores de sus médicos, y lo cuento por estar ducho en ello. Espero que lo que publique en mi vida haga lo que esté en mi mano para mejorar nuestro mundillo, y los demás no en diminutivo, en la humanidad; estas palabras fueren un buen comienzo.

El 17 de noviembre de 2017 mi psiquiatra, que aparenta no mucha más edad que yo, siendo su paciente desde hace más de 6 años, permitió que le diese una carta dirigida a ella a modo personal, pero, con la condición que en vez de leérsela en su domicilio la iba a tener guardada en el despacho de la consulta bajo llave, accediendo a tenerla allí hasta mi próxima visita el 11 de diciembre y a que lo que leyese de su contenido no tuviese efectos en mi historial médico excepto si fuese tan grave que se lo mereciese. A principios de octubre le pedí si me podía ayudar personalmente y me dijo que no, y ese día 17 volví a expresarle tal proposición diciéndole que la carta de 16 páginas la argumentaba, en las que le quise contar con la máxima verdad la esencia de mi sabiduría que podéis concebir en este libro, pero teniendo bastantes detalles diferentes y describiéndole circunstancias y otros aspectos, la mayoría duros, por los que atravesaba entonces y en el pasado. Ahora sigue mi desánimo y el recuerdo de tanto nocivo en una memoria que se refresca continuamente. Señales favorables a su ayuda personal hubo y hay muchas e intensas, y en contra también de estos modos; en este tiempo de espera estoy deshojando la margarita, lo que está motivando mi creación y composición de este libro con mi voluntad de posibilitar su edición, y a menudo tal desflorecimiento me agravia, pero, si quiero sobrevivir sé que he de desdecirme, rebajarme, humillarme, resignarme en general, no sé cuántas veces más en mi vida hasta mi fallecimiento, por lo que mi existencia va a seguir siendo una ruleta y no sé hasta qué punto. Por el semblante que compartimos parecemos de Rusia: no juguéis a la ruleta rusa, sino que debéis subiros en un una montaña rusa y, mejor, en el sentido de la diversión, pero, soy el ser menos apropiado del planeta para aconsejaros en cuántas medidas porque al respecto nado en todas sus aguas y soy como un pez que no se ve en la pecera o sólo está en ésta, y lo único que quiero en relación es que lo ruso sea lo bueno y, por tanto, lo afirmo, por ejemplo en esta frase larga, metafórica y comparativa, la cual, en la que todavía estoy, fuere de lo más profundo que se puede expresar, y a través de las palabras de este libro pudiereis conocer más cómo y el porqué, o sea, mediante su parafraseado con el que me identifico como quien más y siendo coherente al menos este último hecho como podéis estar entendiendo ahora en este prólogo, quizás bastante más leyendo el resto de sus textos.

El día 11, ¿qué nos dijimos en la consulta? Primero me preguntó cómo estaba. Le contesté que mejor y le conté que en este tiempo de espera se me ocurrió cierta poesía, y un prólogo y un epílogo que añado a unos versos que tenía escritos para crear así esta obra poética con el propósito de probar si me la publican, y, repitiéndole tal finalidad estando la conversación avanzada por mi necesidad de esclarecimiento de mi pensamiento (lo que fuere común de paciente a psiquiatra), ella cogió un papelito y me pidió que le dijese cuándo quería hacer las gestiones, yo, para darle a leer esta obra a toda editorial alcanzable, contestándole que mañana y no mintiéndole aunque no iba a poder ser hasta pasados más días. Antes o después me aconsejó que no añadiese mucho más en esta obra que imaginaba yo que estaba casi del todo acabada y me dijo que no entendía muy bien la carta, y, contestando a la típica pregunta —que tal vez no hice y de ser así suponiéndola— de cuál era su dictamen al respecto, dijo que no estaba ni bien ni mal; deduzco que quizá no se la leyó, algo que junto con sus contestaciones en relación tuviere consecuencias beneficiosas para mí como la inspiración de estas palabras, aunque en cierto principio y sentido común así no quedare ella bien conmigo ni me pusiere en buen lugar; he de preguntarle, hablar más con ella sobre todo lo cual, no me cabe duda, pero, me diga lo que me diga observo que ha sido buena conmigo en estos sentidos, aunque parezca lo contrario, y espero que no empeore sino que mejore nuestra valoración mutua.

En casa ese día me acordé más del posible trasfondo de esto que me contó que he resumido en el párrafo anterior, y pensado mal interpreté que se anotó aquello —hecho no muy frecuente escribirse a mano lo que le decía en las visitas— porque lo podía querer saber para conocer cuándo le conviniere mi ingreso involuntario en algún hospital psiquiátrico, que fuere tras mi dación de esta obra a alguna editorial, y también interpreté que por lo mismo me dio el consejo de no extenderme mucho en la añadidura; mi percepción de este tipo de amenaza tenía cierta frecuencia sobre todo en los últimos meses y se la comunicaba, por ejemplo en la visita de inicios octubre cuando me despedí un tanto irónicamente, menos para mis adentros, o preguntándole antes en ésta acerca de su posibilidad (que suponía que se merecieren mis situaciones en tales últimos tiempos, aunque eran mejores en algunos relevantes sentidos que en su pasado) excusándole tal pregunta yo por el precedente de 2004: me la desmintió entonces como en las demás veces. Esta negatividad en mí tenía en parte una solución a corto plazo relativa a comunicárselo, no tardando la percaté, y en la noche de la madrugada del día siguiente llegué a la conclusión que de haberse leído la carta, me ha dicho que no la entendía mucho no por lo cual, sino, porque deliberando ella sobre la inevitable pregunta de este dictamen general estimó conveniente la contestación, puesto que al haberla leído por encima esta noche la vuelvo a encontrar muy entendible por alguien de su capacidad intelectual; la contestación a la pregunta de su ayuda personal fuere tal vez más fácil, y coherente con el sentido común fue un no. Según tal observación suspicaz era así pues la primera una mentira piadosa dando por sentado la voluntad bienhechora que tuviere ella sobre yo, porque llego también a la conclusión que si me hubiere dicho que comprendía la carta la situación cambiare poco y lo más a peor. Comuniqué este razonamiento a mi madre y tras el pique rutinario y tan continuo en nuestras conversaciones le referí que a lo que le decía solía contestarme con unas mismas palabras, y que sabía que no era tonta pero que fuere peligroso para mí a veces que entendiere yo que su inteligencia es la mejor y mi no discernimiento del resto del prójimo al respecto; en relación a esto, me parecía que lo que hablábamos a menudo caía en saco roto.

Me duele expresar por escrito palabrotas, pero debo hacerlo para contar que en una persona humana, a mayor inteligencia más ejecución del poder de su ocultación de su maldad, no en vano se dice por esto en un fondo que el tonto y el loco dicen la puta verdad, y es por lo que mi madre es el mejor ejemplo más generalizador (el arquetipo) del ser tortuoso (cabrón), o sea, que cuando es malo lo es sobre todo por la nocividad perjudicial que percibe y hace pensar en el prójimo, siendo yo su saco de boxeo por ello o yéndome a tomar por saco, es decir, recibiendo corporal y psíquicamente esta nocividad, la pega, que si se emite es la histeria, el hecho de dar por saco. Conocí alguien arquetipo del ser retorcido (hijo de puta), es decir, que es malo cuando lo es sobre todo por el mal aprovechamiento que piensa y hace percibir en el prójimo, y aunque bastante menos que me entero de lo primero, también comprobándolo yéndome a tomar por culo en un sentido peyorativo, o sea, en la fatuidad, que es la recepción de ese mal provecho, que si se emite es la petulancia, el hecho de dar por culo en una significación despectiva: la histeria y petulancia son la conculcación, la pega y fatuidad, lo que se malquista. Ambas personas me las hicieron y me las hacen pasar canutas por ello, y mi hermano también, pero es más inteligente y el saber que me demostró y me muestra las veces que se comunica conmigo le disimula más estas maldades nocivas en el tapujo, sus ausencias emisoras, en un sentido lo que se llama ser el convidado de piedra (aunque él no lo es en otros porque habla con fluidez, por ejemplo), siendo la tapadura en alguien, lo que se llama cerrarse en banda, la recepción de estas carencias. Lo que termino de contar tine cierta dureza y os puede confundir (por ejemplo, mi madre no es tonta), como otras de mis palabras, pero para expresarse definitivamente cómo es la realidad no se puede ir con eufemismos (nombramientos, reflexiones y acepciones a partir de ciertas de sus sumas en lo indirecto y relativo), con medias tintas, la pinta o el pintado, sino con disfemismos (esas 3 designaciones desde ciertas de sus sumas en lo directo y carente de relatividad), la descripción —siendo ambos el relato—; en mí lo segundo es ya como la raíz más profunda que puede tener un árbol, y encima de todo me fundo en su demostración registrada (escritos, etcétera) y contrastándola para ello, que no es moco de pavo.

Tal vez, en según qué puntos de su vida las personas no puedan cambiar mucho, pero quizá puedan moderarse, lo espero en parte de mi parentela, también familia política, es decir, que cuando sean estas personas buenas, lo sean sobre todo por lo beneficioso de lo nocivo y provechoso que perciban y hagan pensar en el prójimo, lo que emitiéndose es la mansedumbre, salvaguardia, y recibiéndose es la domesticidad, engatusamiento: el tapujo y la mansedumbre son la inculcación —se designa así lo contrario, a veces, siendo este hecho el contrasentido, que está en algunos de mis nombramientos y que es el sentido pero contrario, o bien, inverso, y lo que no lo tiene es el sinsentido— y la tapadura y domesticidad son lo que se bienquiste; también espero que se atengan —el hecho de atenerse es toda la combinación entre lo tortuoso, manso, etcétera, que he descrito en este párrafo y que se define bastante en los dichos donde las dan las toman y por activa y por pasiva) mejor a mí bastante gente que me ha conocido y que puedo encontrarme otras veces. Proponerse e intentar averiguar la relación entre maldades y locuras, en un ser tan brillante en lo realista como yo equivaliere a la perdición en sus laberintos: si no está hecha la miel para la boca del asno, tampoco voy a convertirme en burro porque éste no paladee mi miel, no si soy yo mismo, aunque la conspiración contra mí está en el ambiente, es tan denso que se puede cortar y pudiere cortarme; pero el realismo quizá sea lo único que en todo caso se escape de la censura. Mis finalidades últimas son y serán romper las lanzas que se me claven a favor del realismo, y si se me clavan menos, entonces seguiré rompiéndolas acordándome de las que me percutieron en el pasado; lo demás que perciba, permitiéndome tales acciones metafóricas será lo llevadero e impidiéndomelas será lo traicionero, y estando en lo último seré enviado, un mandado, como se dice, y esto último en sentido peyorativo: en cualquier caso mientras exista me iré a tomar viento, tal vez ustedes os oxigenéis más, pero, de todas maneras, tomareis el mismo aire, puesto que, incluso, concierne lo inconmensurable.

La doctora tuvo la inteligencia y memoria suficientes para su estudio exitoso de la carrera de medicina en su especialidad; mi madre no ha llegado a tal nivel de ejecución pensativa porque, según me ha dicho a veces, en sus tiempos no pudo seguir estudiando más por necesidades más imperiosas, como en tantos otros casos, pero, no puedo saber si hubiese podido llegar a mucho más: ante esta duda en mí y en cualquiera una solución fuere entenderse que el que tuvo retuvo, acerca del ejercicio mental, lo que concierne tanto la capacidad intelectual propia como su llenado cognitivo, lo cual favoreciere lo relativo a sí mismo, pero, aunque, con esto también hubiere de entenderse que el movimiento se demuestra andando, o sea, con el rendimiento, y en el sentido bueno, de estas capacidades tengan la medida que tengan, y que lo mejor es que prevalezca lo segundo en detrimento de lo primero y no al contrario.

Os preguntaréis quizá por qué llego a sacar estas afirmaciones cuando lo exterior me puede confundir tanto, por qué saco tantas fuerzas de flaqueza, y la contestación es que fuere capaz de ser como Dios (si a su vez éste fuere realista) —cuyo pensamiento físico es lo celestial y el resto pensativo de Él lo empíreo— en su correspondencia con la justicia, luego acarrear la que tiene con la conveniencia puesto que no todo lo bueno es miel sobre hojuelas y después superarlo a través de la relación de lo segundo con lo primero. Si creo que la doctora entendió mi carta es porque me dijo que no la veía ni bien ni mal, lo que equivale a que bajo el no entendimiento en alguien de algún aspecto y la ausencia de la balanza de su calificación en tal ser humano, la inteligencia buena de su pensamiento, o sea, la lucidez, es lo que lo decanta al bien en éste, y, en general, equivale a que lo que hace buena la neutralidad es la bondad que incluye.

Soy intratable y si lo reconoce en cualquiera de sus sentidos atribuibles quien me trate, si es lo suficientemente bueno su ser, me trata, lo parezca o no. La Torre de Babel no fuere construida para que toda persona llegare a ésta, sino, para que ésta llegare a toda persona; aunque pareciere no haber ni dios que me entendiere, si en suficiente cantidad algún dios en cualquier sentido bueno de la palabra sí lo hiciere, en el fondo pudiere ocurrir lo contrario, respecto esta mayoría, o bien, sólo en alguna minoría, y quizá en las diferentes medidas que permitieren, realísticamente, la vigencia —que es la medida de la correspondencia entre una verdad y una estancia, siendo lo virtual su ausencia— del juicio, que es la calificación divina siendo vigente, es decir, el derecho, que a su vez es la imposición —la vigencia mayoritaria en alguna medida— de lo divino calificativo, en lo material, inmaterial, o en todo ello (realísticamente estando de momento la humanidad física en la impunidad, que es su ausencia, siendo la derogación y lo nulo la justicia e injusticia en lo impune, respectivamente), porque ¿a alguien se le ocurre una mejor solución para no extraviarse que su hallazgo de algún modo de una guía fidedigna? Así pues de haber esta generalidad de deidad que me comprendiere exculpe de modo metafísico, físico, o en su conjunto, el no entendimiento de este libro que pueda haber en el prójimo, expresando sus páginas unos aspectos que fueren en bastante o mucha mesura aparentes, o sea, de los que se os ocultare su trasfondo, escrito por mí en otros documentos y mediante el que delibero todo lo que os cuento; algunas de mis designaciones se diferencian de las que comparten los diccionarios, pero las mejorare porque designare en este trasfondo a su vez la propia designación, siendo así la última palabra, el nombramiento, no lo primero, que es la acepción —el nombramiento y la acepción son el llamamiento y lo demás que se designa es la evocación—, y si mis palabras la son, llegará como la verdad en su hora (y ésta en carga, cargo, efeméride, afluencia, apelación) transcurrido un tiempo procesal empantanado en reposo, exención, anécdota, confluencia, acudimiento, y, al igual que a veces esta hora, llegare de improviso. A saber las personas humanas que estuvieren listas entonces al formarse el río y mantenerse su caudal, o bien, secándose, o desbordándose, de todas maneras en su curso físico, porque de momento aquí sólo estuviéremos en lo que significan en el baloncesto, y por extensión en lo demás, los minutos de la basura, o sea, en la intrascendencia, por ser insuficiente para la creación de su cauce lo que hasta ahora se contempla realísticamente entre la humanidad.

Quiero viajar a una región de España donde residieren las personas entre las más contrarias al nacionalismo catalán y por extensión a la ciudadanía catalana, en la que estoy incluido por nacer y vivir en Barcelona, a un sitio donde las noticias de la tele y radio propagaren en su población, casi sin excepciones, el odio, la burla, el enfado respecto lo catalán, influenciándose de sobremanera estas personas por éste bombardeo tan continuo e intenso causado por el desarrollo político emprendido aquí en Cataluña para que llegare, a modo de país, a la independencia del resto de España, que, al menos parece, se funda básicamente en que se ha sobrepasado esta otra parte estatal en la tocadura de cojones (en el sentido peyorativo) a cierto gobierno catalán y por extensión a una cuantía, cada vez incrementándose más, de lo conciudadano bajo éste, por ciertas ejecuciones relativas a la política agraviantes y reiterándose en un pasado más o menos reciente; también se funda en la identificación de Cataluña como nación y en represiones hacia lo catalán desde hace más tiempo, por ejemplo, cuando era el general Franco el jefe de estado español. Este conflicto duro de sobrellevarse, aquí se puede contemplar por los 2 bandos y allí ¿se va a ver TV3, la televisión autonómica catalana, por ejemplo?, y de ser así ¿quién entiende su idioma? Este clima de odio y disputa condiciona o hace más incondicionales a los españoles y españolas en sus opiniones al respecto, tendiendo a convertirlas en predicaciones (haciéndolas más rotundas).

Pese que encontré hace tiempo las normas dogmáticas y su argumentación relativas a las tenencias, pertenencias y posesiones, y que son la mejor solución sapiencial a éste conflicto español y los demás en relación a los 3 temas, y que por esto lo concibo como un padre lo hiciere de unos hijos e hijas desmandados, me dañó y me daña bastante psíquica y físicamente, sobre todo porque allí reside una chica de mi familia política y lejana que pretendo a pesar de nuestra gran incomunicación de toda la vida motivada, por ejemplo, por la mutua lejanía geográfica, no porque me odiase aunque, quizá, en los últimos de nuestros contados encuentros en mis cortos viajes a aquella tierra que hice y no cada año, le gustase poco verme, no pretendiéndola principalmente por la guapura, simpatía o el resto de virtudes que tiene, lo que no obstante lo favorece, sino porque la deidad en su intervención entre las personas del modo que fuere, mediante tantas coincidencias implícitas demostradas públicamente (en música, publicidad, etcétera) y no descartando yo la percatación de ello en las personas motivadoras de sus formatos bajo tal influencia divina, me ha causado el estrago (lo que es llamado trauma psíquico) de quererla así, sin que ella me diga nada explícito sobre el asunto, tampoco cuando en verano de

2016, cuando era todavía menor de edad, yendo allí (concertadamente con mis familiares que iban a recibirnos a mi madre y yo), le di a leer parte de mis textos, si bien, me pudo contar algo respecto su punto de vista de estos al día siguiente que se los llevó, cuando volvimos a encontrarnos por segunda y última vez en aquel verano, pero se lo impedí emplazándola a cuando terminase su lectura de aquellas tantas páginas, estando las cuales entonces en la incomodidad de un libro electrónico, y como impedimento a todo ello hubo además o lo parecía, unos deberes estudiantiles suyos prioritarios. No nos revimos y, siguiendo yo en la misma región donde viajé, sólo volvió a hablar conmigo el 21 de agosto, conversando unos 3 minutos por llamarla al móvil para preguntarle sobre la evolución de tal lectura y expresarle que no se desconcentrase por la cual de aquellos deberes del instituto, mostrándole así el criterio de culpabilidad que se me infundía al respecto y contestándome ella que no me preocupase; después no volvió a hablar conmigo, aunque lo intenté.

Pintan bastos, a priori, en el cumplimiento de esta pretensión, que implica quizá imprescindiblemente el mayor beneficio realista en lo destinado sideralmente a la humanidad, emparejamiento que se imposibilitare a causa, aunque quizá también por otros aspectos, de los prejuicios de mi vida que saben los familiares cercanos a la chica y ella misma, allí, y del ambiente español actual que no está para que un catalán en mi situación se fuera a hacer amigos precisamente a una de las regiones del país donde menos pudiere, intensificándose su caldeamiento en estos últimos meses, sobre todo desde las elecciones de mi comunidad autónoma de octubre de 2017 tan polémicas y controvertidas, pero que desde hace bastantes años ha estado, según al menos cuenta la experiencia que en 1985, tras un año allí mis padres, mi hermano adolescente y yo, volvimos a Barcelona siendo una de las claves de esto lo mal que se lo hicieron pasar en el colegio alumnos y docentes, discriminaciones que he escuchado de mi madre multitud de veces, contándome ella y realizándose otros maltratos concerniéndome directa o indirectamente, aunque, por ejemplo, mi padre no nos dio hostias, que yo sepa.

Unos 10 días después de elegir el color beis de la cubierta del libro, encontré como por casualidad, en Internet, la expresión hacer el canelo, que significa hacer el pavo y siendo canelo nombre propio de perro de pelaje color canela (coloración de la cubierta), y quiero cumplirlo dándosela a leer a ella para cortejarla, como un pavo real abre sus plumas en tal acción, por tanto observáis la relación entre esto y el dicho; siguiendo estas metáforas colorantes, el libro es gramática parda, pero también por éste me van a meter un puro (de tal color aunque más oscuro), y si son sus dimensiones de lo más nocivas que me pudieren ser, me pondrían sobre unas arenas movedizas donde lentamente me hundiría, más cuanto más me moviere para salvarme, o bien, me echaren toda la arena en los ojos para no ver nada. Cristo entró en Jerusalén queriendo también lo mismo que yo, pero no una novia, y ya sabéis cómo terminó. Me iría a la doctora tras el desengaño pidiéndole otra vez la relación personal, y como Poncio Pilatos se lavare las manos, aunque tal vez llevándome a una crucifixión larga de años y años recluido en manicomios. No os especifico ciertos modos de mis estragos, pero os los generalizo en este libro, que muestra la navegación de mi barco maniobrando para no encallarse, o no hundirse, en esas arenas. Soy capaz de ser la mejor persona según el realismo, encima lo demuestro en la medida que puedo, y sin embargo espero más que nada que mi infierno siga eternamente en vida y tras ésta. Necesito una novia y entiendo que muy pocas mujeres pueden serlo ya, por el puteo en mí concerniente (no por la directa prostitución, puesto que no he practicado sexo con ninguna prostituta), y si no la encuentro pronto, por mi naturalidad me iré muriendo de pena sin permitir que ninguna mujer dictaminándose por mi ser como pelandusca me llevare al huerto del amorío que quisiere conmigo.

La realización correspondiéndose pequeñamente con el simbolismo realista concierne la defensa del cual en el prójimo, o, en general, su concebimiento, con la consecuente negatividad y su dilema de seguir por esta vía estrecha, sinuosa y agreste, o si no, a través de la otra, tampoco fácil por contravenirle, pudiendo elegir ambos trayectos pero pareciendo, al menos, su tendencia al segundo, y como no tengo esta selección, por unos motivos que, sólo en parte, expreso en este libro, voy mucho por la senda del realismo inconveniente, reflexiónese en el dicho ir contra viento y marea, un edificante desajuste para la sapiencia pero demoledor en la concupiscencia, la última incumbiendo lo dictaminador de las otras virtudes: no sólo de pan se vive, pero sin éste me estoy muriendo de hambre. De lo que he terminado de contar son metáforas que, más bien, jugáis (aunque a menudo en serio) con las cosas de comer y que incluso si trabajáis mucho vivís, en tal juego, de la sopa boba (equivaliendo ésta, en este caso, a la necedad), mientras que preferentemente procuro formalizar el alimento viviendo así del cuento (refiriéndose aquí a la sabiduría), también aunque lo hiciere activamente, y todo ello lo estoy pagando, y esta frase cuenta, como la previa, que hacéis, más bien, lo que os conviene (pero, en el fondo más profundo aunque fuere virtual, respecto la presencia simbólica, inexorable y sólo cambiante en la medida que os adaptéis a la cual), lo que se llama nadar y guardar la ropa, y yo, no (en mi detrimento de sobremanera respecto ustedes comúnmente así capaces). En la medida que se ajusta un ser humano a lo justo y conveniente, se adopta, y en la mesura que lo hace a lo contrario, se adapta; como hay tanta combinación entre la adopción y la adaptación, siendo ambas la contemporización, tienen ambivalencia, o sea, equivalencia realística aun siendo contrasentido.

Para buscarme la vida hube de administrarme la realidad, ajustando las medidas en la que se me hacía patente en parte mentalizándome, o sea, cumpliendo con lo de mi mente que me dictaminaba deber, y haría lo mismo hasta el fin de esta existencia, por lo menos; pero, a veces, observo y noto que mi psíquico y cuerpo no se correspondieren con la mentalización: en la mesura que alguien no se mentaliza está en el reducto. La vida, si es que se vive coincidiendo lo suficiente con la de yo, se define con gran generalidad puntual así: una mezcla misteriosa entre lo que concibe, incorpora y contempla.

1 Ahora mismo

Mis versos no buscan ser, satánicos,
ni tampoco divinos,
sino, sobre ello oportunos.
No me confirmo el origen más hondo del dicho bajarse
[de la burra,
ni de lo que significa ser, dadivoso,
ni de lo que mañana o pasado me suceda,
y por esto ahora mismo he de ser, cauteloso
y tal vez como en mí así es, entre el prójimo,
por tanto, quizá también un consejo que os apliquéis el cuento;
pero, no quiero tener demasiada previsión
ni tampoco colgarme en tal medida en el pasado,
así pues deseo vivir el presente,
el tiempo ahora mismo en mí y en el resto más contemplado.

2 Ecuánime y equitativo

Lo deseo, pero, exteriormente apenas me es, reconocido.
Aquí jamás del todo lo seré,
y, concierne lo aprendido y sabido,
lo absoluto y relativo,
en general, lo vivido.
Allí, ¿qué concierne?
Estamos donde estamos.

3 No hay dos sin tres

De algún modo todo es, consecutivo,
desde la cadena perpetua hasta el Paraíso,
desde el cero hasta el infinito,

desde la degeneración hasta el progreso,
y, por tanto, de tal modo la interrupción es, lo inexistente,
lo último no en todo caso lo indebido, ni lo no fehaciente,
ni lo injusto, ni lo inconveniente.

4 El cuarto

Cuando se cita a secas al cuarto, ¿quién sabe a lo que se refiere?
Archiconocidamente en España se refiere sobre todo a sí mismo,
o sea, a 4 significados:
lo que sigue al 3, una cuarta parte, una habitación, o dinero.
Pensaremos con su enunciación alguna de estas combinaciones,
incluso, el número que las generaliza,
y, no quita la pregunta, ni su contestación, de qué es, al respecto,
[certero,
ni dónde se ubican o dónde se esfuman si de ellas algo se desliza.

5 No hay quinto malo

Es, dicho que tuviere su origen en el toreo, pareciendo
[superstición,
y, ésta en un fondo, sobrentendedlo, es, éste,
y lo es también tratar de qué, de quién,
de por qué, de para qué,
o, de cómo, cualquier aspecto:
en tal hondura todo esto es, tal espectáculo en todos sus sentidos
[atribuibles,
y siendo, o no, lo que se trata aprobable,
y enigma lo intratable, lo último, pregunto, ¿en cuántos
[de sus sentidos?

6 El seis

Es, un número que gráficamente representa el bien,
o los dedos de una mano con su forma,
por tanto, lo simbólico, o sea, lo realista que no mira qué
[ni quién
y que es, simultáneo a todo y concerniendo toda regla y norma,
el simbolismo siendo, la imagen que se escapa de la imaginación
(en cierta medida, como cuando éste se piensa numéricamente),
también evadiéndose así de lo demás que está, no sólo
[de la mente,
y de este modo siendo, mejor que toda creación.

7 El siete

Es, una graduación del empiece de lo notable,
y lo último es, sensación,
la cual es, como el séptimo día, el descanso de la razón,
su complemento, su ramificación,
lo que permite que se articule,
el sentido se mire por donde se mire esta expresión,
o, también en cualquiera de éste, lo que cualquier aspecto filtre
incluyendo a Dios, al Diablo, lo extraterrestre o toda
[hipervaloración.

8 El diez

La perfección, o sea, la precisión y la exactitud, la última siendo,
aquello no accesible ni alcanzable, al menos en lo sideral,
al igual que se me escapa del 8 y del 9 su explicación,
pero, a los que llego en parte a través del atisbo,
de ambos números siendo, metáfora este diez,
que aquí nos suple la mitad de tales como si sólo se ausentare
[un entero
para llegar al abarque y al completado de la puntualización.

9 La promesa

Nuestra vida la es, la mía la última,
la vuestra la primera,
y, esto resume en qué consiste todo;
porque queremos, podemos, lo que incluye la contemplación
de aquello en lo que se funda,
mas la bondad posible no es indefectible según la pasada historia,
no al menos aquí, en la terrenal circunstancia.
En nuestro tiempo acontecerá lo que lleve,
y, lo mismo ocurrirá y sucederá con lo demás de su serie,
pero, la realidad también concierne el resto de lo que hay;
es, consuelo nuestra querencia y satisfacción
respecto lo consolidado, y cualquier otra concepción vaga ansia,
pero todo ello se cumpla, por tanto, tal promesa.

10 La justicia

Si equivale a lo realista fuere, la balanza se mire como se mire, ciega,
diferente a la conveniencia, y, aún virtualmente, dictaminada
[o no en los seres,
por lo que su búsqueda a expensas del prójimo fuere, echarla a suertes
jugando a la lotería a ver si le toca la oficial a la interior que se acarrea,
habiendo bastante correspondencia a priori entre ambas,
pero, a posteriori menos, pues éste viere demasiado el mal y bien
diferenciándose de la ceguera de ésta,
y, hasta no sé cuándo para no perderse la propia acerca la de
[qué o quién
cualquiera hiciere equilibrios en su elogio y querella.
Después del miércoles el jueves, tras el mercurio ella,
siendo, el último en este caso la valoración real en alguien,
sin confirmárseme esto a qué niveles, ni en qué sentido, ni en quién;
la validación se gradúa como la proximidad al Sol de cierta
[planetaria reunión,
primero mercurio, lo real simbólico, y ojalá en relación realista,
[lo sobrenatural,
segundo Venus, es decir, la sensación,
y tercero la Tierra, el razonamiento, la concepción consciente
[no sensitiva,
siendo, quizá por lógica, toda esta afirmación rotunda, o bien,
[poco relativa;
y la locura, la guerra, la valoración de lo real,
la justicia, la susceptibilidad, la suerte de Saturno que no percato
[donde en,
y el descanso a toda esta semana que es, lo dominical,
es decir, lo de lunes a domingo, en sucesión hubiere
—que afirmo poco—, en algunos niveles, sentidos y en quien
[estuviere,

de encontrarnos bajo cierta deidad:
respecto lo justo, la divinidad, abierta está la posibilidad,
y, también al cual hay el sentido común, la lógica y lo que se debiere.

11 La victoria

Se valora por la que asume un ser por sí mismo, colectividad,
deidad, o bien, simbolismo, teniendo así varias designaciones,
ocultas o no, y, por tanto en sí es, una relatividad
coincidente o no con el realismo de sus modos, atribuciones,
y, entra dentro del juego, o bien, de la formalidad
que aunque a veces no las parezcan son, divisiones,
concerniendo un discernimiento, pregunto, ¿utopía,
demostración, de qué manera realista realidad?
Percibimos más o menos deberes, pero, sin tal distinción
son, sólo contenido llenándose por ello de mal, quizá de superfluidad;
pesados o ligeros los seres con el peso (de lo real), sin embargo,
caminamos con éste bajo la misma terrenal gravedad.

12 El oportunismo

Es, lo quebrantador, pero, que aun siéndolo es, lo mejor
por ser, como una vacuna de lo que fuere, aun peor;
es, la hostia bien dada, el látigo del profesor,
y, parecen claros los primeros aspectos, pero, los segundos
son, tan turbios aquí a día de hoy como dolientes aquellos.
Porque hay buenos existen los malos, y viceversa,
es, un concepto típico de las leyes de todo
pues, respecto la acción tiende la reacción,
al de la fuerza tiende la debilidad,
al del movimiento tiende la detención,
o sea, que al de lo favorecedor tiende el impedimento.
Y, porque aquí la sensibilidad pareciere fácil de discernirse,
y la moralidad mucho más difícil en lo relativo a esto,

la segunda se hiciere demasiado compleja tergiversando la primera,
y, ante cualquier lío como éste
su supresión equivaliere al desenredo, lógicamente.
Cuando la realidad se observa sólo hipotéticamente
como describo aquí acerca de lo que fácil o difícil se hiciere
es, una señal de que el embrollo es su simiente.

13 No matarás...

Como manda tanto de lo como sobrenatural aprendido,
por sus motivos, entre los que observo
la existencia humana material como escaparate único, exclusivo
[o irrepetible
hacia las experimentaciones y experiencias de la persona de su ser
según la ciencia, al ser, archiconocida su defunción completa
tarde o temprano en los limitados años de ésta
y ser, tal mera existencia dictaminada positiva tanto,
[por la humanidad,
al igual que por sentado por la propia persona al ser, minoría
las ejecuciones suicidas o convenciendo respecto las de seguir
[con vida;
también, porque por esto y por la tendencia de verse alguien
reflejado en el prójimo, identificación en la moraleja que aprecien
de la frase no le hagas lo que no quieras hacerte o que te hagan,
hay la ética, o sea, la solidaridad y la fraternidad,
y, también, por la religión, es decir, por la posible represalia de la deidad
al ser asesino, o bien, al receptor de tan calculable impiedad.

14 No robarás...

Como manda tanto de lo como sobrenatural aprendido,
por sus motivos, entre los que observo
los mismos que en el mandamiento anterior,
exceptuando, que en este caso la usurpación no es, de la vida,

sino, de algo que la favorece perteneciente a su interior,
por lo que puede extenderse a cualquier daño en ésta si es, evidencia.

15 No mentirás...

Como manda tanto de lo como sobrenatural aprendido,
por sus motivos, entre los que observo
que la verdad es, lo que más favorece los 2 mandamientos previos
y también al discernimiento, y a la sabiduría,
que son, lo bueno cumpliéndose, y si estuviere Él en el realismo,
                                                    [lo de Dios;
y porque lo verdadero es, lo que más favorece la ética,
y al acuerdo y la conveniencia que más se necesitan en la práctica,
pese lo vigente de la posverdad en sus dispendios.

16 La esperanza

No sé hasta qué punto se cumple
la archiconocida ley de Murphy, la de que para algo acontecer
se ha de pensar lo contrario, o bien, cierto saber
que cuenta que buscamos lo opuesto a lo que somos, o lo suple;
pero, la esperanza va de algo así, lo incumbe.
Es, bastante pequeña mi cabeza por lo que soy como un cabecilla
buscando sin embargo lo contrario, ser, líder de cabecera:
esto, metáfora de lo que he citado al inicio, parece tener gran
                                                    [universalidad
en una esperanza que por ello y por lo variopinto de cada grillera
entra en conflicto las personas entre sí, y las altera,
o bien, las congenia, pero, así también su dignidad vulnera;
la sentencia se dictamina a sí misma a través de cualquiera
                                                    [y de lo demás,
y está en todo caso presente, nunca espera.
Poner a cada cual en su sitio es, anhelo de seres angelicales
                                                    [y demoníacos,

en sus mundillos combinados consiguiéndose o no,
y, para hacerse generalmente, más necesaria que los meros
[argumentos
fuere la fortuna aplicada en tales, la misma que de sobras tengo.

17 Los dos ojos
El que contempla virtuosos ciertos aspectos
y el que concibe los prejuicios.
¿Cómo tener simultáneamente por ambos observación?
Evitando los criterios propios;
pero son, casi omnipresentes y ¿cómo saber su no inocencia?
Mientras quede un indicio de duda
y un hilo de luz ilumine la ajena mirada,
cuando se observe una nebulosa de motivos
y no se confirmen las pistas,
aconteciendo esto, es, cuestionable la dictaminada sentencia,
puesto que la mentira puede conllevar en su presencia,
lo menos de fiar, pues ¿vas a apoyarte en lo que tanto cojea?

18 La condición
Nada como pensar dentro de tu condición:
coger de la fealdad especial diferencia,
de la enfermedad la paciencia,
de la soledad libertad,
de la crisis una oportunidad,
de lo inoportuno una lección,
de la inocencia una coincidencia con el bien,
de la sensibilidad un don,
de la duda un estímulo,
de las manías un impulso,
de lo imperfecto un precepto,
de la debilidad un recurso.
Porque tu condición es, la posibilidad
y lo imposible es, algo irrealizable

que equivoca la ilusión
haciéndola al final (y también antes) insoportable.

19 Volverás a querer

Volverás a querer.
Ahora lo ves todo negro,
te condenas a caer;
pero, después, querrás remontar el vuelo,
despegando desde el suelo,
levantando lo que antes fuiste a torcer.
Dirás: ¿por qué he caído tan abajo
con un peso que, ya, no quiero merecer?
Ahora me cuesta tanto trabajo...
no sabía dónde me iba a meter.
Volverás a querer.
El deseo se abre paso entre la decepción:
el chollo es, toda razón de ser.

20 Alquimia

Somos, seres químicos de nuestro pensamiento,
por ejemplo, con tal de prevenir el olvido,
o, para adelantarnos al acontecimiento
como consciente o inconscientemente temido.
Dime, Dios, ¿por qué me dejas seco
de moléculas de expresión?
Si por mi actual silencio peco,
desde luego, no tengo perdón.
Esta alma deseosa,
esta mente callada,
pesan en mí como una losa,
como una hoja en blanco afilada.
Mi pensamiento echa humo,

un aire irrespirable
cuando por su encadenamiento asumo
que mi meta es, inalcanzable
y, entonces se hace en mí la alquimia del vacío
porque no se puede vivir sin sentido,
sacando provecho de lo baldío
pues he de encontrarme para estar perdido.

21 En mí

Pienso en ti, oprimido,
tu voz son, las cartas de mi correspondencia,
tu lamento me delata,
tus motivos son, mi inercia.
Permaneces en mí como grito estridente,
como llanto sin consuelo,
como recuerdo presente
de que no estoy en el Cielo.
Otros seres, aquí, allí residen,
se ven como dioses todopoderosos,
en el culto idóneo, pero tal vez oculto, sus existencias perviven,
ojalá, desvelándolo hagamos detrimento del acierto de los arrebatos
[orgullosos;
soy, ahora de los que van detrás de la razón,
no con ésta por delante,
soy, ahora de los que suelen concernir sólo su propia visión,
no la del prójimo por estar ellos en lo exuberante.

22 Inútil sacrificio

A veces no me hago caso y sí a los que dicen que me aman,
volviéndome loco, pagando el precio de la irrealidad.
No existo solo, sino, también los que me ganan
en el juego de mi convivencia con su crueldad.
Si me duele cumplir con lo acostumbrado
dicen es, porque no tengo capacidad.
Asocio ideas con este sufrimiento,
pero, dicen son, sólo excusas para tapar la verdad.
Dicen que lo absurdo me hace divagar
porque no sé dar a los aspectos su justa importancia.
Qué abnegación, qué desesperar,
qué rabia, qué impotencia,
veo con cierta frecuencia perder mi voluntad
para acatar la de quienes dicen que me quieren
y ¿en pos de qué? No tengo recompensa;
ésta es, mi fe en el dolor, éste es, mi inútil sacrificio.

23 El libertinaje

No importa lo que oiga,
no importa lo que diga.
Lo relevante es, lo que me distraiga,
no lo que perciba.
No importa mi llenado,
no importa mi vacío.
Lo relevante es, mi tránsito,
no el contenido.
No importa lo que haga,
no importa lo que omito.
Lo relevante es, lo que vivo,
no lo que practico.
No importa mi bien,
no importa mi maldad.

Lo relevante es, que sea, regular,
no mi calidad.
No importa la verdad,
no importa la mentira.
Lo relevante es, aquella libertad,
no lo que mi alma precisa.

24 Los escalones

La sabiduría consiste en saber subir al cielo;
pero, también en saber bajar a los infiernos,
porque subiendo, en el aire ¿mucho daño te puedes hacer?
En cambio, bajando al suelo te puedes caer.
El mérito también está en nadar en el río de tu ser,
no sólo en esa flotación,
es, algo que la experiencia hace ver.
La vicisitud es, peor si te coge a contrapié;
rellenar medio vaso lleno pesa menos
que si lo colmas desde su vacío y de una vez:
mejor si a la idea con otra no distante nos hacemos.
Según el ser hay más o menos escalones, para bajar;
ello es, cruel, pero, así es, la vida,
a esto toda persona se hubiere de acostumbrar.
Consuélate al pensar que sólo avanzas cuando superas algo
y que lo demás es, levitar.
¿A ojos de quién, de qué, la carrera ganarás?
Indefectiblemente, a los de la realista heroicidad.

25 Minuciosidades

Basta una mirada
para derrumbar mis argumentos;
un gesto,
para destruir mis sentimientos.

Basta una palabra
para cambiar la imaginación;
sólo una leve brisa de viento
para girar la dirección.
Es, suficiente una pluma para abrigar,
y un plumazo para olvidar.
Nos fijamos más en la caligrafía
que no en la historia que escribimos,
todo porque nos apoyamos más en la minuciosidad
que no en el fondo inefable e infalible de lo grande.
Se dice esto es...
una imperfección, al no ser, algo que se especifique.

26 El amor y el odio

Lo contrario al amor puede ser, el odio.
El amor no es, en todo los casos el bien,
aunque permite conseguirlo
no es, indefectiblemente su motivo.
Tenerlo bastante o mucho se quiere
y a la persona su búsqueda en tales medidas mueve;
desaprovecharlo es, algo que hiere,
pero, la vida es, una continua oportunidad.
Saber amar es, saber adaptarse
y saber resistir a lo que se odia;
es, poder resignarse y sobreponerse
a los avatares de la memoria,
a los envites del tiempo,
a los lances de lo inesperado,
al trasiego de la rutina,
a las huellas de lo pisado.

27 La pasión

Cuando es, laberinto mi pasión,
me envuelvo en un crisol de aflicción,
aunque estoy en la cúspide de la soledad
porque la luz en mi espejo sabe ésta reflejar.
Entra dentro de mi cuota la impaciencia,
aunque me arruine por su insistencia;
pero, mi alma después se encuentra a sí misma
en algún escondrijo de mi consciencia.
Cuando es, laberinto mi pasión,
a veces estoy encerrado en una prisión,
y ocasionalmente me libero cuando me hallo dispuesto
a dar un paso a lo inconcreto.
La pasión es, poesía callada,
cuando se convierte en una obsesión;
pero, resurge como ave Fénix en la hoguera
porque a la postre es, una gran salvación.

28 La poesía

La poesía es, la rima de la presencia,
puerta que abriéndose no es, forzada;
fruto de la tendencia
de una serenidad espabilada.
Es, un sentido con belleza,
una dulce conexión,
una invocación a la naturaleza,
o, a las existencias del amor.
Es, magia que bien se mire,
una armonía de colores;
sea cual sea, su evolución
es, un río de flores,
un túnel profundo con salida
a la fuente de las canciones,

a la superación de lo mediocre,
a la esencia de los corazones.

29 El vestido

A veces conviene y otras no contemplarse más que nadie.
Cada persona tiene algo especial.
La majestuosidad es, un bien, y la chulería un desaire;
las comparaciones, al menos, tienen un aire superficial.
En un fondo somos, iguales,
nos movemos por los mismos vientos,
tienen unas mismas aspas informes
nuestros molinos enigmáticos,
siendo, de todo esto rehenes,
aunque haya quienes más de ello se liberen
y pese las diferentes cantidades de coincidencia
respecto lo que los sentidos comunes quieren.
La vida fabrica un vestido,
qué le importa a la alma humana si es, hortera,
si es, más elegante:
lo que trasciende en su modo es, cómo se trama el hilo.

30 La flor de la fe

La fe bebe del coraje
y, el coraje lo hace del dolor;
el que se soporta es, el ropaje
para vestir su flor.
La deleitosa esperanza
impulsa por su sabor,
pero, a veces esto no es, fe, sino, lo que se observa,
no es, su movimiento, sino, el humo de su motor.
Para y olvida mal el ser, comete error,
porque no se sabe bien doler,

porque tiene mal el dosificador.
¿Cómo podrá mantener a flote el saber?
En cierta medida mediante el abono de la fe
que haga crecer su flor con la convicción
de aquello que percibido no es,
o sea, con una vacuidad para su expansión.
La fe es, la presencia del sufrimiento
sin ninguna de su proposición,
sin certeza ni desmentido:
es, como su contemplación sin su entendimiento.
Como pensar equivocadamente para bien,
algo así a veces es, la fe en un realista Dios:
entonces es, como creer en su amén
no sopesándolo, para estar en su pos;
no me quitan las faltas, pero sigo,
no veo los hoyos, pero camino
sin caer en su vacío,
entonces algo así es, la fe (en el realismo del sino).

Los siguientes versos, del 31 al 37, los escribí básicamente en diciembre de 2016, cuando suponía haber enunciado en un borrador inmejorable por nadie más todo el realismo fundamental posible, y me proponía un tiempo de descanso sobre tal escritura centrando mi atención en la creación poética, queriendo, aunque lo cual pronto fue bastante a menos, contar estados en los que puede estar cualquier persona enunciando los míos y con pocas moralejas.

31 Esta vez

He aquí que vuelvo a ser, quienes buscan
y además encuentran en todo la rima;
pero, esta vez, a la dejación los versos me conduzcan
en su proposición, no a un ventilador sobre una tarima.
Esta vez, poco busco, pues mucho lo contemplo encontrado,
en un barco sin bandera me echo a la mar,
no hay viento en popa, sino, de lado,
no hay voluntad de lección, sólo de un cantar,
canto que es, mi dictamen no como en sí mismo, sino de cómo
                                    [lo perciba
y, por tanto, tratando más que nada la neutralidad,
así incumbiéndola el pasado futuro que quiero actualmente
                                    [que sea, mi brida
en el caballo de las riendas de la profundidad,
porque el realismo califica, de la persona, su viaje, no de dónde venga,
aunque el punto de partida condicione lo que ésta logre:
el sonido del mosquito entretenga
y su picadura sea, lo que le consagre.

32 Antes, ahora y luego

Antes, estaba más sobre el cual, y ahora soy, más espigón,
las olas y el mar en calma, ahora, me incumben,
mas no me mueven tanto como ocurre con los coches en el hormigón;
no son, tanta huella, aunque me solean y me hunden.
Antes era, las aspas de un molino, ahora soy, lo demás de éste,
antes era, algo, ahora simplemente soy;
nadaba, ahora sólo soy, agua sobre paraje agreste,
o, sobre la planicie, que asientan el océano por donde voy.
Pero es, más fácil perderse en un desierto que en un plano callejero;
es, más fácil ahogarse inmóvil en el agua marina
que flotar, y más si cae un aguacero,
o si no brilla el Sol, o si se está en una piscina,

por tanto, dejaré de ser todo esto más antes que después,
y cierto es, si no tuviera un fijado pasado y futuro
por medio de este presente no pudiera ir a través,
en un tiempo sin color, tan claro como oscuro.

33 El limbo

En el limbo está dispuesto alguien a recibir
y a dar, sin exageración,
a tener resistencia y así escribir
su historia sin descripciones, como en numeración.
En el limbo, si no se puede estar en el bien, que se quede la posición,
en el sitio abierto por excelencia, más a imaginar que a sentir;
allí se encuentra en cierto modo el origen de la inspiración
y es, pese lo que digan, una manera digna de vivir.
En el limbo se es, el agua y no la disolución;
allí es, ilimitado lo que hay a percibir,
repito, es, más bien lo pensante en ausencia de significación,
y es, como un paréntesis que del guión tiende a hacer salir.

34 El perdón

Es, una de las mejores virtudes,
por tanto, quizá lo único en lo que alguien hubiere de recrearse.
Este poder debiere ser, inmenso para las multitudes
para a su tan extenso realismo éstas acercarse,
me refiero a los perdones, no a las complicidades;
a veces son, ambiciones que con el tiempo realizarse,
o, no son, declaraciones, aunque sí oportunidades
que se dan al ser propio, o al prójimo, para reconciliarse.
Cuanta más verdad se sepa sobre la culpa más pueda perdonarse;
verse el sinsentido y la sinrazón tiende a aislar de las realistas verdades,
que cualquiera ignora en parte, por lo que tanto así descentrarse:
contar como éstas con esto es, como tener sus piadosas facultades.

35 Sed de venganza

Me habéis profanado y me profanáis como a nadie nunca antes,
motivando tanto que toda hora y minuto de mi vida sea, tormento;
tengo anhelo de suicidio, que veo utópico como el bien de las gentes,
y tantos buitres recreándose en todo ello hieren a menudo
[mi sentimiento:
los medios comunicativos así me matan y reflejando cierta justicia
inmunda,
y esos seres artistas, que como los periodistas se lucran con mi sangre
en lo explícito e implícito, un líquido mío que derraman haciendo
[espartana
mi vida, debilitando al cuerpo que alimenta y alzando mi hambre.
En mi estado muchos, con mi conocimiento nadie.
Estado de cualquiera no trasciendas, sino, espíritu, alma pensativa.
Dios realista, si estás, prémiame donde se te envidie
con una envidia sana de quien contemplando la superioridad la cuida.

36 Yo, Dios realista (oráculo)

Esté como esté, siempre soy yo,
y esto es, así porque me compongo y marcho como soy.
El funcionamiento y la forma a mi manera
los encontraréis mediante la cercanía a donde estoy.
Si me hallas encuentras esencialmente lo que buscas
y, más de haber en todo respecto la de yo mejor ubicación.
El palmito si es, bello, parece al menos que vale la pena que lo luzcas;
pero, si es, invisible, o feo, tiende a ser, amarga contradicción.
A veces se encuentra valor a la pena, en otras es, absurdidad.
El valor realista, si es, capaz de ello el bien, lo impongo en lo material
y, si en el universo no existe lo bueno, está en la singularidad;
entonces lo no establecedor distinguiere entre lo vulgar
[lo así excepcional
y, multitudes aun encontrarse cerca de mí no observaren
[donde estuvieren

y, en lo simbólico triunfaren aun verse a sí mismas en perdición
y, si así contemplaren que fuere, la única victoria posible,
                              [quizá se aliviaren
como yo, en el limbo, o cuando de lo inmundo tuvieren separación.

37 La poesía (II)

La poesía puede ser, verso, y éste es, un relato
que es, una moraleja de la belleza de un modo característico,
característica universal capaz o no de conocerse por la visión
de quien la recibe, según su ojo artístico.
La poesía así, es, comúnmente detectada a través de la rima,
pero, también se reconoce mediante el concepto sutil,
por la sabiduría que quizá veladamente afirma,
o, por la ridiculez graciosa de lo pueril.
Poesía es, por ejemplo, alguna hondura conociéndose de una canción,
el arte excelente por excelencia,
lo sublime de toda creación,
el estado de gracia.

38 La cura de humildad

Podría quizás exprimirme como tantas veces el limón
para buscarme algún provecho sea, mi original sabiduría,
mi alarde en general, la noción de mensajes de la televisión,
de música, o, mi compra de algo que en tiendas se me vendería,
y así no quedarme atrás respecto tanto prójimo en su proposición
de conseguir lo que sea, a fin de saciar al respecto su adicta
                              [y viciada miopía,
tan extendida que si me quedo a vivir del vacío y de la aflicción
sin amnistía mi paranoia y desconcierto, trastornándome,
                              [incrementaría,
porque quiera o no la envidia me corroe ante su voracidad
                              [de consecución,
contemplando perdido mi tiempo si me la echa en cara tal gente al día

en lo vividor, en toda concupiscente relación
incumbiendo lo archiconocido de la virtud y del prestigio,
[y a la egolatría.

En ello me seguirá tanta gente adelantando en tal mundillo
[sin compasión;
quiero no ser, rematado por sus estereotipos, lo que tanto sume y lía,
y buscará como antes este personal en su así endemoniada
[imaginación
quedarse conmigo, adrede o no, por esta desbocada filosofía.

Nos es, buena cierta ignorancia de esto para estribarnos
[en nuestra situación,
lo ideal de lo cual, aunque a veces parezca inconveniente,
[y no tanta sangría;
en algunos tiempos estamos tan abocados a sus órdenes,
[manipulación...
y así nuestro arreglo al realismo es, demasiado una lotería.

39 Los mortales

En ustedes y yo en nuestra espacial circunstancia,
puesto que no me excluyo del todo por lo malo que me disloca,
la contemplación del mundillo en incumbencia
equivale a volver, sea cuánto sea, la realidad loca.
A saber, la proporción entre mentiras piadosas, crueles,
[y concretas facetas,
en las piedras que se lanzan escondiéndose sus manos
[en lo que hacemos
el prójimo y yo mismo en la vida y entorno de nuestras existencias,
pero, lo real es, inexorable, o duro como una roca que,
[sea como sea, tocamos.
Frente su mentira e inconsistencia
no quiero la muerte en esta vida a la que el ser mortal
[existiendo se aboca,
sino, lo ideal que fuera de todo tiempo tiene trascendencia,

y, en paradoja, depende de los mortales abrir o cerrar su boca.
La mano negra que mueve el títere de mi suspicacia
es, implacable si se enfrenta a cualquiera y a conflicto inevitable
[le convoca,
mi voluntad de blanquearla es, instinto de protección, de resistencia,
como en cada cual frente lo que su residente alivio
]o motivación revoca.

40 El rayo eterno

La vida realista es, sempiterna,
no es, estrella fugaz,
y aunque única, no es, monótona linterna,
sino, de mil colores un haz,
su fulgor transcurrirá sin remanso,
la alma perdurará
más allá de los límites
que tiene la capacidad
pues, en parte, el clan en lo existido
un inicio sin fin, lo eviterno, será,
al menos en lo simbólico intemporal que infinito a la práctica está:
todo esto acontece aunque se incluya en el olvido,
y más allá de la duda que es, tempestad,
de todo destino final de mujer y hombre,
también habrá siempre en la realidad
su anhelo, seguro en la figuración, de salvarse.

Hablándome del pasado, a cuento de unas frases que le dije acerca de lo que sé y no de Gustavo Adolfo Bécquer mi madre lo hizo parcamente de la apendicitis. Tanto ella como mi padre fueron operados de ello, y se lo recordé, además de mi candidatura, o sea, su posibilidad respecto yo, al igual que en principio la de tanto prójimo. Mi pensamiento, estructuralmente —para detallarse mejor esta estructura pensante, como la del resto de los seres humanos con una mínima normalidad, hubiere de implicarse lo no natural en ésta en lo concerniente a sus percepciones, según yo, y es algo que he hecho mediante un argumento en mi tesis del cosmos, inmejorable por nadie más a mi entender, pero del que ahora no pudiereis concebir cierto resumen, por lo que sólo avanzare, según cuento en un texto explicativo también así de inmejorable a mi entender y que se me ocurrió no elaborándola, sino después, que su coordinación en mí se corresponde mucho con la naturalidad humana dentro de su interacción de amasadura con lo no material, que aunque os parezca ahora paradójico no es con lo ausente de amasamiento— fuere de un modo desde mi nacimiento que afirmo no ha cambiado, lo que no quita que en mi infancia canalizase lo que percibía de unas maneras y luego las circunstancias y el resto de la información las cambiasen hacia lo drástico.

Conozco y conocí bastante el significado del sobreesfuerzo psíquica (en consciencia o en inconsciencia) y corporalmente, combinándose ambos modos, activándoseme bastante los relativos a mi sistema digestivo. Si me imagináis gordo, no es así ahora porque estoy delgado como en otros tiempos de mi vida; en los demás mi peso osciló entre la ligera gordura, el normal y el muy delgado. Según el sobreesfuerzo de alguien fuere más difícil que este mismo le ocurriere en otras manifestaciones, por ejemplo con apendicitis, y me ha acontecido éste corporalmente de otras formas, una recientemente de la que desgraciadamente me acuerdo cada vez que me veo en el espejo, al igual que recuerdo aspectos indeseables que de momento no puedo evitar. Una de mis primeras investigaciones escritas ahondando en la realidad básica, después de salir de aquello que me aisló por completo de lo atribuido comúnmente a la normalidad, fue sobre el sistema digestivo de las personas humanas, en concreto con lo que relacionaba entre éste y las modalidades de sobreesfuerzo; en aquel entonces afirmaba correspondencias entre lo cual y el estado psíquico de cualquiera, incluso con la cantidad de bien y mal que tendiere a causar.

Lo que tengo claro al respecto, desde hace tanto tiempo, es que el estreñimiento, su sensación, la digestión, en esa congruencia consciente e inconsciente en la que mi ser por su naturaleza propia se fija como se fija, consume mi tiempo, y que para que en esto me arregle han de pulsarse ciertas teclas en mi pensamiento, o sea, ha de dar con la tecla. Esta sensibilidad fuere bastante causante de mi introversión y de las consecuencias perjudiciales de la cual desde el principio de mi vida, y en tal introversión se centra mi atención continuamente con nociones y creaciones imaginativas perceptivas y en su recuerdo sistemático incluyendo las ilusiones, regocijos y lo contrario que conllevan, y todo muy continuo chocando con la extroversión del prójimo y siendo problemáticamente conflictivo en mí y en mi entorno. Pese este cierre quise y quiero ser extrovertidamente como la gente más normal en lo cual, y suelo dudar de su consecución después que lo pruebo porque me doy cuenta que su incongruencia con mi tan continua personalidad hace poco, o menos, hábil esta extroversión. Según aquellas teclas que se pulsen así se enviarán las órdenes al ordenador, habrá uno u otro efecto en mi ser; no puedo cambiar mi coordinación y el arreglo que aspiro en ello es la pulsación de las teclas lo más correctamente posible, tanto la acción como éstas.

¿En el ser humano es correspondiente cierta noción en éste de algunos modos de sobreesfuerzo del cual con su reventado en el sentido peyorativo de estropicio, de cara al prójimo y lo demás? Esta pregunta me llevó a las siguientes y a sus posibles contestaciones cada vez con más claridad con el transcurso de los años: ¿Es correspondiente la naturalidad en tal ser con el fracaso de su vida respecto sí mismo, las otras personas o lo demás, o, a la inversa, cierta sobrenaturalidad en éste con su triunfo en todos o en algunos de estos ámbitos? Según yo, mi ser es tan natural como escandalosas lo son en mí algunas de estas contestaciones, paradojas equivalentes a mi vivencia de una pesadilla inmensa. Si fuéremos todos y todas igual de naturales tendría más confianza con el prójimo y, ¿por qué pienso esto, por qué supongo que no hay esta igualdad? ¿Quién o qué me ha metido en la cabeza ésta y otras concepciones acerca de lo sobrenatural? En mí lo más fructuoso, o bien, lo más nocivo, fueren las confirmaciones al respecto, y quizá también sucediere así en otros seres humanos. Pensando mal yo en ciertas medidas, o sea, en la negatividad que cuenta esta expresión a modo de frase hecha —refiriéndose por tanto no mera y exclusivamente al mal—, las posibilidades de la realidad se me incrementan de manera que en mi cabeza no caben, es decir, no entran dentro de la mínima ortodoxia que contemplo, porque me es excesivamente nociva tal contemplación, o, siendo lo mismo —aunque la nocividad propia concierne más aspectos— porque la califico como demasiado mala. Considero que mi vida se dé en vano y llena de tormentos a fin de cierto beneficio virtual de cualquiera o algunas partes entre el prójimo y lo demás, o sea, para una justicia no realista, pero no lo apruebo, y pudiere decir que por mi suprema inteligencia, memoria y argumentación relativas a lo real, mas de cumplirse estas alternativas no es así en la realización mi pensamiento ni este argumento que conllevare. Así pues no puedo ser adversario de lo que me invalidare así y quizá para siempre, y, pueden acontecer 2 posibilidades: o se impone, o bien, lo hace lo que me designo positivamente, y tal vez se imponga lo que sea de ambas con más continuidad incluso que con la que me niego. Siendo yo mismo no puede llegar a más esta capacidad de mi raciocinio; si alguno, alguna, de vosotros, vosotras, llega a más, no espero que lo diga, sino más bien que lo disfrute, y si no es así lo he llegado a decir por ustedes, y lo último (bastantemente en otros textos aún en borrador además de en este libro) fuere de las más grandes gestas.

He aquí las que fueren de las 2 preguntas más fundamentales en el ser de la persona humana con una mínima normalidad, si no las más: el tiempo, ¿dónde?; el tiempo, ¿cuándo? Las contestaciones a estas preguntas fueren de lo más inquietante en éste, si no lo más; ante esto tuviere la necesidad de un reloj, y, a su vez, la de que se ajustare donde su ser y a cuando el cual, y viceversa, por tanto la de que lo hiciere a cualquiera o algunos de los sitios en el prójimo y en estas medidas a los de lo demás, y de la sincronía en ello, y viceversa, por lo que en consecuencia y en relación se formulare la tercera pregunta más fundamental: ¿cómo? Ante las dificultades y vicisitudes que le suscitaren éstas y sus contestaciones se hiciere esta cuarta acerca de las cuales: ¿por qué? Las contestaciones o su ausencia, a las 4, equivalen en su modo más fundamental a su vida donde y cuando esté; y lo que puede haber a partir de esta base y hasta acabarla, o sea, hasta hacerse lo menos imperfecta posible, casi os lo estoy resumiendo esencialmente en este libro, y la historia pasada y presente de la humanidad hace el resto del resumen, pero, todo si es que podéis deducir, tal vez adivinar, suficientemente, lo que le deparare el destino al ser humano de llegar a imponerse el bien, es decir, Dios realísticamente, en el cosmos, o bien, globalmente el mal, o sea, el Diablo —siendo su equivalencia virtual la ausencia de vigencia del bien dentro de la capacidad de haber lo último no sólo simbólicamente—, por tanto si podéis aproximaros más o menos a lo que supuestamente concreto tanto en mis escritos, y os lo resumo enseguida: el Diablo, el mal, vive, y hace vivir, lo máximo posible en un infierno, de dolor y placer, y se corresponde más con el dolor, y Dios en el realismo, el bien, hace lo propio pero respecto un paraíso y se corresponde más con el placer, y, desde el empiece de la humanidad estuviéremos en la Tierra entre los 2, por tanto, según cierta lógica relativa a la demasiada presencia de lo primero, dentro de lo virtual de ambos incluyéndose lo realista; y sus vigencias fueren posibles ya, sobre todo por la fortuna profética implícita aplicada en una sabiduría extraordinaria y a mi alcance que concretaren inmejorablemente por nadie más lo que fuere demasiado enigmático para el prójimo, y tuviere ello menos posibilidad no dependiendo del alcance en la humanidad aquí de mis conocimientos de esta calidad, pero todo, supongo yo, si lo sobrenatural equivaliere al realismo.

Confío, lo quiera o no yo, en el destino, y no os oculto nada en relación en las palabras de esta obra poética, todo lo cual por lo sabedor que soy de que ni yo ni nadie puede evitarlo; las personas humanas pueden tener una influencia entre sí muy grande, o bien, máxima, pero, como así ha sido y es en mí la del realismo simbólico, por tanto la de lo sobrenatural en caso de ser su equivalencia —que de este modo no niego, sino que afirmo en todos los sentidos que le son atribuibles—, éste es prioritario en mi voluntad respecto lo demás regente de cualquier otra incluida la de yo, lo que pudiere tener la significación tan inconcebible en mí, es decir, que no sea lo que Dios realísticamente quiera, pero, de todas maneras que sea lo que haya de ser, dualismo que estoy explicando suficientemente.

Según el saber popular si se rompe un espejo se tienen 7 años de mala suerte. Mi pensamiento por su estructura y también por la información que ha recibido, desde su nacimiento tuviere este *infortunio* pero durante más años, incumbiéndolos hasta el tiempo presente, es decir, destruyere los espejos en los que se ha visto —en cualquier persona humana el concebimiento de estos respecto sí misma es el hecho de espejar, que buenamente es el lucimiento y malo es el espejismo, y su concepción en sus ausencias es la mira, miramiento buena y rebuscamiento mala—, lo que ha ido cada vez a más; lo que me causare tanto destrozo de sus cristales, o, pudiendo ser lo mismo, lo que la efectuare, es un espíritu santo, que tuviere yo en todos los sentidos atribuibles a tal expresión desde mi nacimiento y extraordinariamente, o bien, así me acompañare, y que al principio, en mis primeros años de vida percibía fácilmente, pero que después se fue complicando. En aquellos comienzos mi imaginación perceptiva era libre, o sea, estaba bastante desacomplejado, aunque tenía sus limitaciones y equivocaciones, y me parece que durante bastantes años más siguió así; ahora... la coacción y la coartación en mi pensamiento pueden existir extrema y cruelmente, y lo contrario si ocurre y se refleja en mi sabiduría escrita entiendo que fuere de lo que más excuse y justifique (si el juicio fuere realista) lo primero, si no lo único, y el cómo y el porqué de esta incumbencia en resumen los escribo en este libro. Que mi padre naciese un día 7 es metáfora del principio de este espíritu santo, contándose esto en la frase si tienes 7 años de mala suerte —equivalentes a los que tenga mi vida en aquel *infortunio* que a su vez es la de él, fallecido hace más de un lustro, en el sentido de haberla procreado— rompes un espejo, teniendo en ustedes la misma explicación que he atribuido al dicho que inicia el párrafo, o así siéndoos igual que tal frase el juego de sus palabras citado en la que estoy, si dilucidáis estas coincidencias: vuestra capacidad de llegar a lo implícito realista en ciertas realizaciones será una clave de la imposición o no del realismo en la humanidad espacial al igual que ocurre en mi persona, a su vez dependiendo de lo que nos destine Dios.

Esta *mala suerte* siendo beneficiosa, como he contado antes y voy a seguir haciéndolo en este párrafo, en mí y en cualquiera fuere la derivación, y, mientras que en la metanoia —siendo lo inédito la cualidad del ser fuera de ésta—, que es la manifestación de la epifanía en el límite de toda capacidad humana de su perfeccionamiento, por tanto relativa a la máxima a la que llega en principio sólo una persona de la humanidad incumbiéndose toda su historia, pero que pudiere compartirse con cierta diferencia en la modalidad, y todo aconteciendo materialmente, estuviere yo lo máximo posible en esta derivación, el prójimo viviere más bien en más *fortuna* acerca de ello, que es la suspensión, o bien, en la solución —disolución— de continuidad, expresión que significa algo en interrupción, permitiendo más discontinuidad en general en su manera de pensar, y estuviereis en esta solución íntima común dentro sobre todo de lo normal y de lo especial, y menos quizá en la rareza, exclusión que señalare mi singularidad, y siendo la solución de discontinuidad íntima y común, es decir, la de lo contrario o de la continuidad en el pensamiento, el proseguimiento, y yo en aquel tope derivador estuviere más bien no en el problema de la primera, que es el bloqueo, ni en el de la segunda, que es el propasado, pero sí y apareciendo bastante en mí ya, yendo a la deriva y valga la redundancia, en una ausencia especial de sus libertades con una excepcionalidad en la que ni siquiera las personas más ofertadas de la Tierra se encontraren. La derivación es el recogimiento y el resto de la continuidad y discontinuidad pensativa es el acogimiento; el primero y en la metanoia nociva es como estarse en el asilo de Dios si fuere Él realista, en el templo que templa y también valga la redundancia, o sea, con una fijación excelente pero que no permite recrearse ni en la intensidad imaginativa ni en la sensitiva, y en la metanoia provechosa es como ubicarse en su altar, en su elevación, con el mismo concebimiento excelso y además permitiendo estas intensidades en su estado, de este primer modo, de momento, viviendo en una permanente racha yo, en concreto en la capilla, que siguiendo una analogía de su pronunciación es una capucha que esconde mi cabeza (lo último metáfora de mi pensamiento realista), y a la vez algo que me capa (en diminutivo, no completamente) porque hace tiempo que a penas tengo libido por las circunstancias de mi entorno, en general por las informaciones que me ultrajan, y estando el prójimo más en un cúmulo de despropósitos, aunque también tuve lo último y pese que ni lo primero se correspondiere en mi ser necesariamente con la ausencia de nocividad, ni lo segundo imprescindiblemente en las otras personas humanas con el agravio. La metanoia se corresponde con el desengaño, nexo con sus otros significados (relativos a la retractación).

Si pienso desde hace bastante tiempo que me he visto más que nadie en los espejos es porque en el fondo los desapruebo, los destruyo; la explicación a esta paradoja se encontrare en la combinación de ambos fenómenos, equivaliendo el último quizás a mi sabiduría por permitirme brillar con luz propia. Mi relación con los espejos es como la de la frase ni contigo ni sin ti, y me parece, no estando seguro si esta apariencia equivale a su trasfondo porque explícitamente se me demuestra y recuerdo lo contrario, a la vez que me acuerdo de la palabra locura con la mayor amargura posible, que el prójimo comúnmente carece de tanta cuantía de unión y nocividad al respecto, aunque también le acontezca tal destrucción de espejos y esta *mala suerte* en atribución, y que como mi caso es tan singular estoy bajo unas condiciones diferentes y que, por todo ello, ni mis estados ni mis cualidades en general están bajo unas mismas reglas en las que estuviere el prójimo por defecto, y también pareciéndome, al menos, que en consecuencia hubiere de estar lo máximo posible en la quietud, lo no pendiente a lo exterior —esta idoneidad en el descanso se compartiere en parte o incluso más, según cada cual, ocurriere como cuando se juega contra las máquinas de ajedrez de sobremesa, siendo éstas menos efectivas si no se les permite pensar en el turno de su oponente, o sea, que la ausencia de actividad de lo alterador en alguien estando su persona fuera de sus ocupaciones más intensivas (aunque también las incumbe, lógicamente) le aventajare en su listeza, y metafóricamente lo reflexiona también el hecho que quizá parte de la gran astucia de las serpientes la causa su sordera, salvándolas de toda potencial alteración por lo auditivo— y en la fe y confianza en mí mismo, por la coordinación de mi pensamiento siendo de las más naturales.

La naturalidad y sobrenaturalidad en el ser son su organización (que incluye la percepción, un tercer tipo de amasadura pensativa, intrínseca a la sobrenatural que he citado al inicio del epílogo), siendo lo genérico la primera decente (que se corresponde con la mejor paz), que es lo mejor respecto cualquier otra forma en los seres, e indecente es lo maltrecho, y el segundo amasamiento, digno es lo sobrehumano e indigno es lo infrahumano; lo aborigen es la medida de la naturalidad organizada y lo alienígena la de lo sobrenatural así. Por tanto fuere yo de lo más pacífico, aunque frecuentemente pueda parecer aguerrido; otras personas humanas, tal vez la mayoría, en su organización necesitaren y buscaren más combatividad, es decir, más conflicto malo, conllevando consecuencias erróneas; este deber acerca de yo no fuere equivalente necesariamente a mi anonimato, aunque tanto para mí como para la gente de mi entorno acarreare mi personalidad siendo nociva, debida si no aconteciere demasiadamente dentro de lo especial de mi ser, y por mi derivación y por lo que en general sé mi mundillo estuviere más que nada en lo dogmático, en lo más fundado —siendo la predicación la crítica así del aspecto, equivaliendo o no a la real—, en cambio, el prójimo se hallare más en lo paradigmático, en lo que lo está menos —siendo la opinión el dictamen de ello, coincidente o no con la realidad— y quizá por lo cual se proponga y ejerza más la ciencia y arte de la manipulación: en cualquier ser humano para que sus perjuicios diferenciales se aminoren o se conviertan en beneficios como mínimo ha de haber adaptación condicional en su interior respecto sí mismo y lo exterior, y también de la interioridad y exterioridad del prójimo a su persona, y como máximo ha de cumplirse de estas maneras lo que justifica (dictamina su criterio justicia, aunque no la sea según la realidad) y no lo que excusa (critica sólo conveniente), así pues sin concesiones. Que supiere explicar al dedillo mi caso como supongo que lo estoy haciendo en este libro, en el resto de mis mejores textos y de otros modos, es cierto alivio para mí ahora, pero, si consigo sobrevivir a todo lo que me está ocurriendo y sucediendo, no digo que sea lógico, sino correspondiente a lo que me cuesta, que compre yo y se me compre mi caso explicándome así.

Los estados corporales y psíquicos en la persona humana son como Internet a los ordenadores, o sea, un tema que concierne una infinidad de aspectos y materiales, por lo que en éste rigiere bastante el azar, en cambio, su dictamen realista existiendo espacialmente pudiere llegar a ser como los calzados a los pies, es decir, como números finitos, y siendo, o bien, pareciendo, perfecta toda numeración, motivos ambos por los que no se rigiere tanto por la casualidad; entre la afectividad, que es el espíritu pensativo, y la efectividad, hay poca diferencia de pronunciación, lo que es metáfora de la tendencia en cualquiera a existir gran correspondencia mutua entre el provecho de la primera, y la segunda, y, entre el limón y el alimón también hay poca diferencia en lo cual, siendo metáfora de la tendencia en alguien a haber tal correspondencia entre lo que dictamina nocivo —un limón, simbólicamente— y lo que dictamina malo según un sentido común compartido, o como una colaboración simbólica, que es un significado de alimón, y, esto equivale también metafóricamente a la tendencia a criticarse bueno o real un aspecto más a través del mal, o sea, descartando lo último, que no mediante el propio bien.

Al descojonarse alguien de risa tienden a incapacitársele estos miembros en un sentido figurado, o sea, la valentía y el coraje junto con la consecuente creatividad en su ser de ambos atributos, y al acojonarse tiende a acontecer tal limitación en lo no nocivo que le salva, y llegando a lo primero ha de tener una noción dictaminadora para hacerse a sí misma ridícula, y en lo segundo también ha de tenerla, pero para que se asuste; estas metáforas cuentan que en lo psíquico y corporal no hay un estado idóneo universal, a diferencia de la universalidad del realismo, porque para llegar, o bien, para mantenerse ciertos criterios fuere imprescindible el alcance de diferencias en el primer aspecto, no quitando que a veces sea aconsejable para perfeccionarlos.

En la sala de hospital donde estuve ingresado 4 veces entre 1997 y 1998, a todo paciente se le hacía beber una botella de agua de 1,5 litros al día, por norma, lo que dicen que aproximadamente es la cantidad debida; después, muchas veces bebí agua sólo cuando me entraba sed, acostumbrándome a menos cantidad diaria y, aunque en verano se incrementaba, en las otras 3 estaciones solía beberla poco. Me doy cuenta ahora que para hidratarme bien, más o menos hubiere de injerir como mínimo esta cantidad al día, pero, no obstante, lo he cumplido no mucho en mi vida y es probable que lo siga incumpliendo, y esto en el fondo realista es como la costumbre de fumar que nunca he tenido, que tanto he creído y creo perjudicial y absurda, es como lo que incumbe la búsqueda (que no el encuentro), pues según el realismo sobre gustos no hay nada escrito y, en general, son inescrutables, o sea, no concretables mediante lo que se busca, valga la redundancia, los caminos del Señor (si fuere realista) en lo que requiere el ser; pero, aun así se pueden orientar por el resto de su pensamiento humano, y el realismo fuere lo que más se adaptare a su voluntad e intención: el proceso formativo (que no informativo) del aprendizaje de esto, percibiendo sus pros y sus contras, a veces es simple y otras complejo, tan inescrutable así pues como lo que se rastrea, el rastro, que es la búsqueda unida inseparablemente a su causa (el litigio) y efecto (el vestigio), y para que el requerimiento sea lo que es, ha de ser de algo, acontecer perteneciendo a ello, es decir, que además de la homogeneidad (lo intrínsecamente más directo, y siendo lo directivo y lo indirecto la concreción y lo inconcreto no simbólicamente, respectivamente) que es su mera acción, tiene en su heterogeneidad (lo que le es también intrínseco pero más indirectamente) una dirección (también sentido en todos los casos, según toda lógica posible, el cual no inescrutable, realísticamente, al igual que los aspectos que citan, y en todos los casos en el realismo, los paréntesis en este párrafo).

Cuanto más en el desánimo y en la susceptibilidad de su nocividad esté, más estaré en la miseria, seré más un cerdo, un gorrino, dentro de la porquería, lo que coincidiendo con su analogía de pronunciación se corresponde con mi percepción del porqué en cualquiera de los sentidos atribuibles a este hecho, por lo que en esta proporción así estaré en la causa una y otra vez, y cuanto más me anime aliviándome, más me ubicaré en lo efectivo; pero lo primero, paradójicamente, es un fin de 2 maneras principales, una siendo la finalidad de todo según lo simbólico (que es también la que tengo yo espacialmente) y la otra es la muerte de lo fructuoso, el sinvivir, lo último por lo que la efectividad estuviere más en la vidorra. A menudo me contemplo como este animal no parando de engordar y esperando su matanza, y ahora mismo estoy obligado a seguir en la brecha —siendo la apertura y aspiración cualquier control propio queriendo su ser la pervivencia, y la clausura y expiración el que se ejecuta no queriéndola— pudiendo, tal vez, no hacerlo, aunque otras veces tuve esta obligación sin observar la posibilidad de consumación de su alternativa que quería, estaba en punto muerto —la ruina es lo psíquico y corporal de la persona propia influyéndose por su querencia de fallecimiento, que es lo suicida, y percibiendo además su imposibilidad, siendo el arruinamiento buenamente el desaguisado y malamente el desastre—, y quizá vuelva a ser como otras personas que no quieran continuar sin tenerla a su alcance por imponérselo el prójimo u otras circunstancias, siéndoles en un calvario la auténtica muerte en vida. También frecuentemente, por mi avasallamiento (el conflicto respecto cualquier poder que percibo) me concibo tan diminuto ante tanto poderío ajeno que pienso que si se correspondiere lo último —cualquier capacidad que una persona concibe como ajena es su expectación— con mis aires de grandeza de mi poderes —la potencia que contempla alguien como propia es su expectativa, menudencia si es pequeña y esplendidez la grande, y la espectacularidad son lo expectativo y expectante—, estoy condenado por ser yo mismo y a pagar los platos rotos del prójimo, ambos hechos siéndome confundibles entre sí, haciéndome así, al menos, un gigante con pies de barro.

La pervivencia del ser humano y la ausencia de agravios en ésta dependen de su compatibilidad respecto lo existencial, por tanto también al de su propia vida; ciertos estragos, causados por sus experiencias y efectuados por sus experimentaciones, llamarlos traumas, si lo preferís, pueden limitarle tal vivencia en una debilidad pensativa buena, la rebaja, o bien, mala, el quebranto, confundibles en su prójimo y con pocas posibilidades de solucionarse precisamente por ser estragos, o sea, la catástrofe, el conflicto residencial —o de lo existencial en el ser dictaminándose por éste, siendo metáfora de su gran intensidad criticadora en esta conflictividad—, y no insidias o nocividades más leves, es decir, la malaventura, el conflicto existencial —o de lo que hay en un ser radicándose, o sea, en lo no dictaminador, y en su entorno mientras transcurre su vida, metáfora de su criterio menor en este tipo de conflictividad. Hay un tercer aspecto agravante aunque entra en su gravedad o levedad en la temática de alguno de los 2 anteriores, que es el que concierne lo no existencial, al olvido (preterición bueno y amnesia malo): la abulia —su ausencia es lo literal—, el conflicto mental, lo que se llama hacer memoria. En relación a estos problemas, a veces es necesario o poco prescindible un aliño en platos fuertes, o bien, ligeros, para consumirse, lo que equivale metafóricamente a la autoestima respecto la resistencia psíquica y corporal propia: si tiene la idónea en este modo, alguien está en su salsa, y si no, en la desazón; pero las posibilidades de esta estima propia que solucionan al ser se incluyen en las de las soluciones en esos 3 asuntos y, en principio, no hay varitas mágicas que las incrementen, aunque concerniendo estas capacidades está, por ejemplo, lo sazonador picante en posesión permanente, metáfora de lo erótico en tal tenencia continua, y a veces no pudiéndose comprar esta variedad de condimento aceptándose en un mercado mayorista, sino sólo en uno que lo menudea, a causa de lo que se percibe en el puteo, vilipendio y derrocamiento por ello, facetas que así son una parte de esas 3 problemáticas.

Para calentarse cierta comida, o sea, para comerse metafóricamente la persona algo con patatas en un sentido peyorativo de la expresión, se hiciere práctico un infiernillo; y, para que no exista tal comida y así, que no haya el calor en estos modos: estas 2 concepciones parabólicas fueren el poema y la poesía de lo existente en el universo, respectivamente, y siendo éstas en cierta manera las 2 caras de su misma moneda, es decir, la estancia de la poesía indivisible, a otra siendo la última lo contrario a lo poético y en diferentes medidas coincidente con la circunstancia de lo rapsoda que opone, con cualquier otra, o con ninguna. Conclusiones de ambas parábolas son que toda rosa tiene espinas en algún sentido y que de momento en la humanidad física mientras alguien perciba los pinchos tenderá a preguntarse sobre éste, y que acerca de la rosa ocurriere lo mismo aunque la cual se diferenciare lo máximo de sus púas y que por tanto, paradójicamente la búsqueda de ésta o de su distinción se pudiere confundir con la de éstas, pero sin embargo pudiéndose conseguir igualmente, como también en otros casos no. Ojalá puedan más personas humanas, incluyéndome, hacer ciertas afirmaciones sin conjugarlas en condicional por confirmárseles, aunque es fácil suponer y expresar ciertas atribuciones a lo normal, al menos lo parece: el empleo de este tiempo verbal fuere una señal de que se está en esta búsqueda, que siendo del bien es mejor que encontrarse el mal.

Al hilo de lo que he contado metafóricamente en el párrafo previo, afirmo que puedo escribir un libro con lo que no edito, como fuere en tantos y tantas de ustedes, y muy extenso, el de Petete, y a modo de mi petate psíquico, o sea, lo que significa en un sentido la archiconocida expresión la mochila con la que ha de cargar alguien, y, continuando la analogía de pronunciación, siendo los pétalos de aquella rosa porque son todos los aspectos que petan en mi ser o de éste —todo esto también ocurriendo en principio en cualquier otro ser humano—, su sobreesfuerzo en muchos de los sentidos atribuibles, de mi pensamiento el tercer plano, su espíritu —que es la relación entre lo que contemplo, lo maquinal (el resto de mis órdenes pensativas, en secreto que es metáfora de lo que expelo involuntariamente de mi cuerpo, es decir, de lo que secreto, valga la redundancia, por ejemplo el sudor) y en general cualquiera de mis componentes pensativos, siendo la afección (atribu-yéndose comúnmente a lo emocional por ser lo último prototipo del poder de la atención) la causa y el efecto de este nexo, y la afectividad inconsciente aunque pueda ser controlada en parte perceptivamente al igual que la excreción (lo que se expele del cuerpo con capacidad voluntaria) de las heces y siendo por esto la primera metáfora de la es-catología de este modo, además del otro significado de lo escatológico que es la explicación del destino final de las personas y de lo demás, al poder controlarse también perceptivamente tal descripción en su rea-lismo, al menos— y lo único que en lo realista lo califica, argumentando esta exclusividad en el conjunto de mis mejores textos incluidos los de este libro; lo contemplativo, lo que se relaciona aparentemente con los pétalos, son realísticamente los sépalos de la flor porque es lo que sépalo —forma verbal quizá no ortográfica— usted, lo que se sabe —que es lo pensativo y su posibilidad de aparición no afectivamente— también en el sentido del sabor que se impone —equivaliendo a la relación aparente con los componentes rosáceos más vistosos—, y su base, su medio, pero no ella misma, y en los segundos respecto los primeros aunque la mona se vista de seda mona se queda, si bien, también de donde no los hay en un mínimo no se puede sacar nada concerniendo los cuales la primera composición y así siendo imposible sacar la concreción de la última, y, por todo esto fuere tan grande el margen de mejora de las vigencias en la humanidad física y en sus consecuencias: porque lo existencial es su jardín en alguna mesura allí nos metemos, en el que se refiere un dicho popular que lo expresa.

Si se contempla la realidad sólo resta como amparo lo inevitable, ni más ni menos aunque parezca poco, y por esto a menudo mi preo-cupación no es tanto

por si mis decisiones no obedecen la sensatez y justicia realistas, sino por si la insensatez e injusticia según el realismo, obedecen mis decisiones: lo primero es el allá tú, y lo segundo es haber intereses crea-dos (siempre malos); en cualquier persona capaz, algunas decisiones concerniéndolas la influencia de lo confundible, o bien, de lo posible, son tan difíciles de tomarse que sólo lo ominoso se lo permite, o sea, los enloquecimientos psíquicos y corporales en su ser de los que se da cuenta en su dictamen sensitivo, siendo el último y así lo agorero, y entonces llega a la conclusión, acertada o no según el caso, que es mejor aventurarse a lo que sea en un mínimo debido antes que quedarse en lo razonablemente así de ominoso. Haga lo que haga a nadie se le quitará su trayectoria simbólica —ojalá siendo equivalente en su bien al que tuviere lo sobrenatural—, siendo en lo material la senda por corresponderse cada aspecto del sendero a un símbolo y tener así uniones sendas ambos, aunque en los mares de los mundos físicos fueren nuestros barcos, cediendo como sus aguas, en la derrota (de ésta) por ser siempre mejorada (en la perfección de su simbolismo). Donde hay patrón no manda marinero puede ser la metáfora por antonomasia de lo que hay y de lo inconmensurable o fuera de la dimensión, que es la correspondencia entre el tamaño y la figura (las medidas del universo y simbólicas, respectivamente), siendo el rango ambos aspectos junto lo dimensional que componen y la mesura toda medición perteneciendo a alguna de las 3 partes.

En mi pensamiento predominare inconcebiblemente lo verde siendo verdad realizadora; he buscado posibles relaciones explícitas entre tal color y ésta, y no las he encontrado aunque ambas expresiones se parecen fonéticamente —el español es un idioma rico y me he aventajado por éste al establecer mis nombramientos, ¿verdad que si llegaren a existir hubieren de instaurarse con precisión, es decir, sin alternativas y por tanto en un mismo idioma, puesto que entre las variedades idiomáticas se diferencia el lenguaje y el consecuente código?; secundariamente, razones proféticas motivaren la idoneidad de su aprendizaje, también de otros aunque menos minuciosamente, y todo ello no equivaliere necesariamente al desprecio entre las lenguas—, en cambio, hallando una congruencia entre éste y lo irrealista en la homonimia de verdugo (que es lo autolítico, nombrando la casuística intrínseca a un ser propio mala de su defunción, nombrándose agonía, lo exánime, la motivación inherente a éste buena de su fallecimiento), y ambas analogías pudieren ser metáfora de lo realizador (pero en lo inconmensurable) de lo que me es tan inconcebible, ojalá sea así me digo, y la de su dimensionamiento es lo verde porque a su vez esta coloración la es de lo extraterrestre y por extensión de lo no ortodoxo. Suponiendo puntualidad (la medida de lo dimensional, siendo su ausencia la trasmudación, la presencia de la última físicamente transformación, presentándose metafísicamente metamorfosis y simbólicamente transfiguración) este tinte y que se funde bastante de la hipocresía en tal hecho, me es inquietante la expresión quedarse con alguien significando manipulación, por el sentido nocivo vampiro chupador de la vitalidad que tuviere la frase en mi vida y en otras, estando éste en el aprovechamiento, según la justicia, de otras entidades incluyendo el prójimo, o bien, en tal provecho ajeno igual de malamente y además en lo injusto, en ambos casos de una manera que mi contemplación diferencia poco porque el efecto fuere, dañinamente, el mismo. Están verdes, dijo la zorra, se dice cuando alguien desiste de algo que no puede conseguir fingiendo que no le importa o no le interesa, naciendo la frase de la fábula *La zorra y las uvas*, hecha eco ya por Esopo en el siglo IV. a.C., y cuenta que tras intentar en vano alcanzar un racimo de uvas, se va diciendo con altanería «No importa. Están verdes»; algo así me digo acerca de esta hipotética vigencia colorante, pero aunque no la apreciare mi ser, confusamente le diere importancia.

En la descomposición de la luz blanca en todas las longitudes de onda, mediante un prisma, el cerebro percibe todos los colores, así pues sólo es un acercamiento a lo científico afirmar ahora yo, para hacerlo más entendible, que el color que aproximadamente tiene la longitud de onda más larga —dentro del espectro electromagnético donde se forman todos los niveles posibles de energía de la luz— y por tanto el más intenso en este modo, el más vivo así, es el rojo, metáfora de los aspectos que de ser lo verdadero realizándose, equivaliendo entonces a lo no verde, dieren más vida refiriéndose a la fructuosa; por lo menos de darse tal caso, la conveniencia es el color azul, por comprobar en mis visitas médicas el hecho de vestirse así mi psiquiatra en el trabajo con cierta frecuencia y expresarlo multitud de supuestas profecías registradas (y explicándolas yo), y si se mezcla con el rojo crea el violeta, que es la violación por la relación entre la homonimia de violado y también porque la conveniencia fuere en contra de lo que dictare la deidad (dictado que describo más adelante), excepto si no llegare a cierta cuantía entrando así más en las tonalidades rojizas y por tanto en lo realista, perteneciente o no lo último a lo divino: a saber cuál es la proporción de las mixturas en mí del azul que relaciono con la doctora, y os pareciere rosa tal vinculación, pero se oculta tras ésta gran masoquismo al igual que respecto mi entorno en general, con pocas excepciones, suponiendo yo que las alternativas fueren incluso más nocivas para mi persona pero no más para las gentes de su ámbito, y con esto también cuento que no me propongo su perjuicio, puesto que tengo bastante con el mío.

Sea del color que sea el relleno, que es el quedado, no puede teñirse por sí mismo, sino que le es imprescindible una superficie que es incolora, independiente de éste, y que es lo que lo causa: nada de esto le será nunca alcanzable ni accesible, y, en el sentido realista que voy a referir en el resto del párrafo, para no ser un pringao (con tal pintura), o sea, para encauzarse o no dislocarse así, cualquier ser humano capaz debiere centrarse, es decir, fijarse bien, en lo que le queda y así bifurcándose (ello con su residencia), pero también en este vacío del universo (la vacuidad) y simbólico (la dejación) que son la vacancia, lo vacante, es decir, hubiere de retirarse, lo que en el sentido bueno se llama ver desde la distancia, atención que tiene que ver a veces con la supresión de los espejos en el pensamiento propio equivalente a la contemplación correcta de estos, al lucimiento, y así pues, metafóricamente, para que la vista identificare lo más precisamente posible lo que viere (este hecho en la visión o en cualquier otro concebimiento es la apreciación), no en todos los casos fuere lo mejor unas gafas, sino entonces el parpadeo, concerniendo esta visualización más quienes, como yo, confunden (hipotéticamente) tanta realización verde, ojalá no sea así me digo, junto, o siendo, quienes por sus limitaciones no llegaren a ciertas perfecciones o concreciones psíquicas (como creo que no es mi caso frecuentemente), cumpliéndose así, quizá, no el dicho mal de muchos consuelo de pocos, sino la afirmación omisión de muchos cuido de pocos, porque tal vez a diferencia de los segundos, en lo pensativo de los primeros quedare tanto que olvidar esta correspondencia realista de la vacancia con cualquier aspecto, nexo que fuere el tesoro oculto (a galerías tan repletas de personas humanas físicamente).

El dios que rija en lo sobrenatural no perdonare a nadie que piense fuera del deber que le asigna —lo dictatorial es todo deber empíreo, que puede estar por ello celestialmente— y en consecuencia le atribuyere, únicamente en su ser por su individualidad, una influencia negativa en proporción a los errores de éste al respecto, pero teniendo diferentes medidas esta suscitación proporcional según el criterio preconcebido de tal divinidad —entiendo muy posible, pero no del todo, que perdonare menos así el descuido en cualquier detalle a quien le exigiere más acerca de la minuciosidad de lo que le dicta, aunque no se lo exija en toda particularización o sólo en ciertos aspectos, y perdonare más de lo cual a quien le exigiere también gran cuantía dictatorial pero menos detallista—, y todo independientemente de lo que respondiere la persona de estos: reflexiónese en el dicho si dices mentiras se te caerán los dientes. La regencia de los establecimientos y funcionamientos del ser humano inherente a esta influencia (que fuere positiva en la misma proporción a su acierto y que como he contado está predeterminada por lo empíreo, al igual que lo incluido en la superstición y que, en general, todo destino) en el cual, siendo ambos regulaciones (encaminamiento) y violaciones (desencamino o hecho de desencaminarse) según se correspondan o no con tal deber predestinado atribuido por la deidad, respectivamente, es el camino, y la medida de esta influencia que tiene su ser es la encomienda, lo endilgador la positiva y el endosado la negativa: el camino y la encomienda son el encargo, y fueren, en principio, muy confundibles entre sí ambas temáticas. Es inevitable desencaminarse ante ciertas incertidumbres y, en general, por determinados formatos y configuraciones: bienaventurada la persona que se encamine, puesto que entonces percibiere en el sentido de la correspondencia con el dictado encomendado el dicho ser agradecido es de bien nacido.

A más vinculación con el prójimo, más encargo en la persona, y aunque también le pudiere dar más aprovechamiento en éste y otros sentidos, le incrementare el riesgo, en general, reflexiónese lo último en el dicho cuando las barbas de tu vecino vieres pelar pon las tuyas a remojar, y de haberla menos, aunque quizá le hiciere carecer de este aprovechamiento, no tuviere tanta de esa influencia ni en general tanto riesgo, reflexiónese en el dicho subírsele a las barbas (del prójimo, en tal sentido): la primera manera le tendiere al centrado perceptivo, lo que cuenta en esta dirección la frase con pelos y señales, y la segunda le tendiere al permiso del oportunismo en todo sentido atribuible a lo último, por ejemplo respecto la creatividad, refléjese en el dicho la ocasión la pintan calva, puesto que la diosa Ocasión en su escultura típica no tiene pelo detrás de la cabeza, como señalando que tras la ocasión no le sigue ella misma. Contando estas incumbencias sobre los vínculos con la gente no aconsejo directamente a nadie que se relacione más ni menos así, sólo expreso lo que sucediere.

El 23 de enero de 2018 en su madrugada, ensoñándome percaté correcciones que criticaba muy brillantes a mis textos, tal vez creaciones, y al final del sueño, mientras terminaba de escribirlos en un ordenador éste dejó de marchar, apareciendo rarezas en su pantalla y queriendo que guardase lo que era tan relevante, yo; debajo de su mesa vi un conjunto de libros en fila que mostraban las maneras de recuperación de sus datos en casos como tal avería, y seguí los pasos que indicaban 3 tomos juntos, pero no apreciaba los del cuarto, que eran los definitivos, y me quedaba con las ganas de salvar aquello tan importante cuando me desperté, motivando también el párrafo siguiente a éste.

Desde que tengo uso de razón, mi voluntad e intención procesan para sus finalidades la información que les llega, y así sucederá, al igual que encontrarme en estados diferentes y con informaciones y formaciones tanto interiores como exteriores siéndome nocivas y provechosas, queridas o no, pero a pedir de boca porque tales residencias están en mi ser. Hace 15 años me contemplaba igual de relevante que ahora, me parecía de lo más trascendente lo que percataba y había escrito, y en la medida de mis recursos actuaba en consecuencia, presenciando por ello desengaño tras desengaño, y actualmente entiendo que estaba bastante equivocado en mi contenido pero no en mi coordinación, aunque lo primero la hacía inútil y nociva: la mesura de la proporción entre la coordinación propia acertada y su contenido equivocado (o que la yerra) es la bisoñez, la que hay entre ésta equivocándose y éste acertando, o bien, en su error, es la ñoñez, y la habiente entre ambas temáticas en su acierto es la hegemonía. Antes me establecía y funcionaba según mis experimentaciones y experiencias, pero me olvidaba de lo demás, y esto no va a cambiar; lo que buscaré será la coincidencia y la hallaré, aunque sea acerca de lo negativo, pero me doy cuenta también que mi proceso pensativo dirigido a la perfección consiguiéndola o no, llega a menos respecto lo que contemplo frecuentemente en mi concebimiento: por ejemplo, lo que sale en la televisión parece fácil, pero esconde un proceso que exige muchos medios y esfuerzos a cuya medida tan grande no accedo cuando lo percibo, excepto en pocas reflexiones esporádicas de lo que estoy contando, y la música de la radio también parece fácil hacerse, escondiendo lo mismo, y todo ello y otras facetas son poderes grandes e intensos respecto los que tienen las demás personas que no se dedican a lo cual o no lo rigen, pero sólo sobre lo que tratan porque éstas u otras, a su vez, pueden tenerlos grandemente en otros aspectos, por ejemplo los seres políticos y jefes, y no sólo los de rango tan evidentemente importante, también los tienen los llamados normales, especiales e incluso raros, en comparación con los pocos o carentes poderes al respecto, de otros, incluyéndome, y todas estas potencias del prójimo a las que no llego (que a veces, sin embargo, percato como accesibles y alcanzables) son la factura, el tejemaneje, y las que incumben el concebimiento y corporalidad de mi ser son la tarifa, el manejo, ocurriendo también entre el resto de personas humanas si coinciden lo suficiente con mi organización.

Lo realista es inefable e infalible, y si la deidad tras mi defunción o, hipotéticamente, después de otras de mis existencias —el orgullo es un tipo de ausencia del culto y presencialmente lo último fuere de lo que más nos dejare en lo que percibimos, por tanto de lo que más nos alejare contemplativamente de lo etéreo, que es donde estuviéremos si fuéremos al vacío tras la defunción o si lo es el Paraíso que dilucidadamente promete lo divino, y no podemos acceder espacialmente al resto de la coincidencia etérea que, tal vez, se hiciere menos nociva que, por ejemplo, la que incluye lo orgulloso, pudiendo haber otras modalidades, y variadas en lo que conciernen éstas, de estancia en el Cielo, pero sin acreditarse la ciencia de sus causas en lo popular de lo sapiencial, al menos de momento— me hiciere vivir dentro de sí mismo y no según el traslado (la factura y la tarifa, siendo lo demás excepto tal realismo la factoría, el factor, y los 3 aspectos la ocupación), estuviere en el abastecimiento yo; mientras tanto lo que viva será como esa ensoñación, y todo esto se pudiere extender al prójimo, por lo que de este modo se cumple la frase la vida es sueño y los sueños, sueños son, es decir, que si bien aquí sólo hubiere la descripción con la imperfección, si pudiere equivaler lo suficiente el realismo a la realización, lo penúltimo a través de la última nos aproximare a sí mismo con su abasto (siendo tal acercamiento el tiro, estacionamiento su ausencia), o sea, la bonificare, y no hiciéremos nada mejor espacialmente, por lo que la célebre frase de Calderón de la Barca que he citado viene a decir: lo realista bonifica los medios, que son sólo su descuento. En la ocupación de cualquier manera, sea o no lógica, ilógica, gane o pierda, marcare la diferencia la intrínseca diferenciación, por lo que la última no residiere en la humanidad terrenal, puesto que sólo contempláremos identificaciones y en parte atribuyéndolas a lo desigual imperfectamente, de darse este caso, pero incluyendo el cual que pudieren tirar (hacia sí mismas el realismo que les hiciere ser aspectos, siendo el viso lo no tirante de las entidades y así éstas no teniéndolos, al menos en lo que concierne lo último). El ente, la entidad, es lo componente de lo habiente, y su conjunto, a su vez, interminable como el de las particularidades que tiene la temática de este libro si no es básica.

Toda ciencia y arte (un modo más indirecto en su precisión que el primero) es el confinamiento, su carencia lo excesivo, lo bueno de lo científico y artístico es la lindeza, siendo la frontera ambos modos así y la demasía su ausencia: cada parte del confín es lo preciado y las particiones fronterizas son lo precioso, y el deber que predominantemente me propongo e intento es que seamos las personas preciosas antes que preciadas, esta priorización pese que preciarse equivaliere al dictado de Dios aconteciéndose sin realismo en el pensamiento de Él. Quien se vengue del universo promulga lo figurativo, y viceversa, pero de cualquier manera estamos en el justiciazgo, aunque sea mediante la ausencia enjuiciadora predestinada por la misma justicia, la que, como he ido repitiendo, estuviere en contra o no del simbolismo (la finalidad última de lo habiente); sólo superamos lo dimensional y lo inconmensurable si contemplamos lo que debamos hacer (aunque incumbiéndolos tal deber en todos los casos) sea de la calidad que sea, no si concebimos lo indebido, la perdición, puesto que sólo con la fijación respondemos y no con la contestación ni la pregunta, y porque los estragos en mi pensamiento hacen que mi deber se corresponda de sobremanera con mi proposición del encuentro dictaminador de la esencia de las 2 últimas, me exijo del prójimo una condescendencia proporcional a tales deberes y sin haberla estoy en el sinvivir, y por todo esto describo tanto cualquier petición y necesidad humana queriendo, aunque es duro aceptarlo, que se compartan —cualquier aspecto se comparte o no, sin alternativas, equivaliendo este hecho a la realidad tirante. Mis estragos para conseguir tal contemporización que contemplo positiva, en el fondo que os solidaricéis conmigo de este modo, según la deducción que estoy explicando de que los deberes apareciendo en el pensamiento del prójimo en la misma coordinación mediante la que me acontecen, ocurrieren tendiendo la problemática de éste a dictaminarle negativas la emisión y recepción ética que se le infundiere, por tanto proponiéndome triunfar más de lo que me parece con mi nocividad y, el apenamiento ejerciéndose en las finalidades de una individualidad humana vinculadas a las demás personas que las comprueban tendiendo a hacer en tal prójimo estas comprobaciones menos interesantes cuanto más grande lo sea, a causa de la tendencia al espejismo negativo respecto éste en estos otros seres contada en el párrafo, por mucho que su persona las quisiere o que describiere puntualmente lo realista, pero todos estos perjuicios hacia los que la cual se inclinare fueren compensados por el hecho de estar sobrada de positividad en su alma, hecho en mí que deseo que reconozcáis. Esto es lo que hay, acorde al realismo inconveniente o le pese a quien le pese, incluyéndome.

Lo explícito es lo que explica y lo implícito es lo que implica, siendo ambos aspectos el estudio (y su ausencia la ignorancia), y doy 2 ejemplos de la implicación, que me sucedieron: fui a una tienda de ordenadores y un vendedor hablaba a otro que algunas personas como la que citaban, estaban en la Tierra para llevar las cargas del prójimo; lo que dijo se puede relacionar con esto que me parece haber escuchado, pero no me acuerdo de la precisión de sus palabras en 2 sentidos, uno el de su expresión (la definición) y otro el de su contexto, que es el resto del precisado de lo que suscitaba lo que contaban, y en la medida que de un aspecto no nos ocurran ambos, en mí y en cualquiera nos lo implicará, y en la que se defina y se contextualice nos lo explicitará, contándolo también que cuando iba en autobús yo, en el asiento de atrás una chica venía a decir a otra que un familiar suyo tuvo meningitis por fumar mucho y que todo le aconteció (de verdad) por la paranoia de él, según el resumen de lo que recuerdo: sé que cuando oía su conversación, me parecía ilógica porque mezclaban aspectos que no tienen nada que ver entre sí a priori científicamente, y este análisis que hago es por lo explícito e implícito de tal conversación escuchándola, y para que fuere más del primer modo, habrían de esclarecerme el contexto de lo que decían y definiéndose más. Aunque, no obstante, lo implícito y explícito también dependen de la combinación entre la definición y el contexto, como voy a contar a continuación mediante otro ejemplo que sucedió. Hace 1 año me dijeron por teléfono que para conseguir alguien el título de auxiliar de enfermería psiquiátrica válido para su ejercicio en la sanidad pública, había de estudiar 4 años de la carrera de medicina, y meses después se lo comenté a la doctora y me dijo que no era así: si ella me dijo la verdad, como parece deducirse, quien me habló por teléfono se definió grandemente, pero el contexto de lo que contaba era muy impreciso, por lo que este último hacía casi lo máximo de explícito lo que me dijo, por mucho que se definiese, y también se explicitare tanto un aspecto si su contexto fuere muy preciso pero su definición casi ausente, por ejemplo, si digo que todo es relativo; para que este último caso de explicitud ocurra hubiere necesariamente de parecer definirse un mínimo lo tan contextualizado, aun no siendo así su trasfondo definidor. Ni lo implícito equivale imprescindiblemente a lo irreal, ni tampoco así lo explícito a la realidad: lo que hace o no real al aspecto es la coincidencia, y en la medida que le acontezca lo primero a alguien en su estudio, se educa, y en la que no, es ignominioso.

Pero la coincidencia percibiéndose en el ser humano no equivale necesariamente a la realidad, por ejemplo, la identificación de alguien con letras de canciones depende de las posibilidades que sus contenidos coincidan con su persona, y para que concierna lo real mi afirmación que la respectiva a mí de tanta música es causada por lo empíreo preconcebido y aplicado celestialmente, o bien, para que la gente se convenciera de lo cual, hubiere de acontecer el suficiente descarte de estas posibilidades, en el último caso respecto sus propias personas y el resto del prójimo, lo que de momento no puedo asegurar a nadie porque no puede establecerse aún esta comparación sin conocerse aquello por lo que hago la afirmación; me he dado cuenta de otras maneras de muchas coincidencias sobre mi ser en relación con tal modalidad divina, pero no puede ejecutarse esta comparación acerca de todos estos casos, sólo en los suficientemente descritos. De lo más archiconocido es que las coincidencias son comunes entre las personas, y también lo es que para poderse entender entre el prójimo como extraordinarias y así coincidiendo a su vez con la común cualificación de lo divino si se ejecutare milagrosamente, han de ser singularidades, y de momento, sus universalidades son las que son, o sea, podrían ser bastante más cuantitativas. El hecho de percibir las personas humanas la coincidencia dictaminando posibilidades que conciernen esta última, es el cotejo, una de las claves del nexo entre lo que se le infunda coincidente y su tiro, por lo que es tan relevante saberse lo posible; otra de sus claves es la consonancia, lo demás que incumbe lo coincidente percibiéndose.

Alguien se desequilibra en la medida que diferencia en su noción la adaptación y adopción, y se desquicia en la mesura que allí no las separa, siendo el resquicio la ausencia de esta noción y la locura las 3 mediciones, que la humanidad completa comparte en el mundo físico: lo que comúnmente se le atribuye se nombra inhospitalidad, hospitalidad lo que se suele llamar cordura, que es la ausencia de ambivalencia en el sentido, por tanto, la motivación de lo realista en su modo independiente respecto la realización, del equilibrio, siendo el otro la ponderación.

Puesto que sólo nos arrastramos así en esta existencia, en cualquier faceta mejor que arrasemos con todo a que lo echemos por tierra. El destino es inevitable, y el modo más eficaz de aliviarlo fuere sobre todo, hoy por hoy, el desquiciamiento; pero para que cualquiera encuentre la perfección, necesariamente ha de tener una referencia que le aproximen a la cordura los contrapesos habientes en su desequilibrio, es decir, ha de compensarse, y adminístrese bien todo esto, o sea, haya sabiduría, si se puede. En alguien interiormente fuera de lo guerrero, se le ablanda el corazón correspondiéndose con lo habiente en el realismo acerca de la bondad sensitiva en la positividad personal y sus consecuencias, pero interiorizando este conflicto general, lo sentimental nocivo en incumbencia es proporcional también con lo que hay en lo realista sobre la bondad sensitiva en la negatividad de la persona y lo consecuente, por tanto, en estos sentidos de cualquier estado se saca el bien, mas han de contrarrestarse sus medidas entre sí, es decir, han de dosificarse, y tendiendo a lo positivo, para compensarse.

El lunes 19 de febrero de 2018 me caí bajando las escaleras hacia el andén del metro, y mis gafas fueron escalones más allá y se dañaron un poco, por lo que quiero comprarme otras y a poder ser de montura amarilla, de ahí que se diga que el amarillo da mala suerte —aunque este origen de la expresión pensado por la deidad se asignare a otras causas—, porque este infortunio cayéndome me da así tal coloración, siendo éste un caso de sentido a la inversa ejercido proféticamente; me caí por mi avasallamiento en mi situación actual entre tanto prójimo apresurándose éste, y como yo se caen otras personas entre el gentío: seguiré al pie del cañón para esclarecer esencialmente las causas de las caídas en cualquier sentido atribuible a éstas, lo que se llama caer en la cuenta, pero, creo que poco más si continúo en mi carne de cañón al respecto.

Al día siguiente yendo con mi madre en metro de vuelta a casa, en un asiento de enfrente pero en la otra banda se sentó una mujer más bien rubia, con chaqueta de ejecutiva y mini falda, teniendo muy al aire y sin medias sus atractivas piernas; entró otra mujer, ésta con rasgos árabes, muy alta, morena de pelo y de una extraordinaria belleza, con un felino blanco en una jaula de gatos, y después de un tiempo de pie se sentó frente a mí. En casa me venían ambas a la memoria perceptiva, obligándoseme la fijación en ellas, y en la medida que contempla alguien supeditaciones interesantes como éstas u otras, o bien, represivas, tiene pugna o repugnancia, respectivamente, asaltándoles si consigue evitar su percepción pero percibiendo un conflicto concerniente, y sobreviniéndoles si en esto último no lo evita, siendo la estabilidad la mesura de la ausencia del apuro, que es lo pugnaz y repugnante; fueren a menudo confundibles entre sí la estabilidad e inestabilidad, haciéndonos así hipócritas: un grillo en una jaula de conejos siguiere cantando y un conejo en una grillera estuviere en el sinvivir con sus orejas tan grandes y tan agachadas allí, y puesto que no somos quienes estamos, mejor que estemos quienes somos, habiendo explicado tal negación y afirmación en párrafos previos acerca de lo que tira, y en la medida que la persona cumpliere la última y a su vez la primera (que concierne en este caso sólo lo relativo a lo nocivo en su ser), o sea, en la que más fuere el conejo en la jaula de grillos, más lo insoportable se le infundiere, aconteciéndole los 4 juegos de palabras según la combinación de los tiros y estados de su vida.

La afirmación lapidaria por excelencia fuere: pasarán por encima de la vida, pero no sobre el cadáver de Cristo o no olímpicamente, del Olimpo, lo metafísico realista (el significado auténtico de lo llamado divino de la muerte).

Barcelona, 28 de febrero de 2018

Según mis cálculos de las posibilidades, seguidamente describo lo alfabético que gráficamente resume la globalidad temporal e intemporal si la realización de ésta se correspondiere con el realismo (y lo último con estos).

La M es Satanás celestialmente, primero incrementándose su negatividad, luego bajándose hasta un nivel intermedio suficiente para imponerse la justicia realista, después inevitablemente subiendo desde el derecho no habiente antes y al final incrementándose en tal vigencia; la S es el Diablo empíreo, por partir desde una continuidad su ausencia y luego, desde su creación, incrementándose su negatividad, para al final seguir en un máximo; la T es la escala de lo realista equilibrado, de cuya exactitud es metáfora la raya horizontal de su grafía; la U es la realización del universo, que aparece de ningún punto o del vacío (tal y como cuento en mi tesis del cosmos) inicialmente en la impunidad, representándose esto en su curvatura inferior, y que después se continúa en el derecho positivo, su raya derecha subiendo, con su correspondencia en el negativo, su línea izquierda ascendiendo; la V es la realización simbólica, o sea, la correspondencia figurativa del universo, señalándose tal simbolismo en su línea diagonal derecha y lo realizador con lo que precisamente se corresponde en su raya diagonal izquierda con la misma inclinación, esto motivando como fuere que la V represente 5 y que en la significación de medio esté la realización de una entidad, al ser el 5 el promedio en la tan común escala de 10 que cualifica o mide lo realizador, o por antonomasia; la W es Dios celestialmente, primero disminuyéndose su positividad, luego subiéndose hasta un nivel intermedio suficiente para imponerse la justicia realista, después inevitablemente bajando desde el derecho no habiente antes y al final incrementándose en tal vigencia; la X es la realidad, lo que baja y sube en su positividad y desde el mismo punto de conexión hace lo propio respecto la negatividad; la Y es el realismo ponderado, su escala incluyendo la ambivalencia, representada la última en las 2 rayas diagonales y con la misma inclinación de la terminación de su grafía; la Z es Dios empíreo, como la S pero con las diferencias que en vez de negatividad tiene positividad y que las 2 mediciones de sus cambios (incrementándose, y continuándose su máximo, respectivamente) son bruscas, al igual que los picos de la letra, por condicionarlas la saturación espacial tal y como cuento en mi tesis del cosmos: estas fueren las letras pagándose de nuestra vivienda eterna, y no viviéremos en el Cielo como aquí, en lo promovedor, sino que fuere más intrínsecamente lo que se viviere, la instancia, la grafía ¥ representando el infinito y además este destino final eviterno (como el circuito cerrado que dibuja) de las personas, donde fuere poca en su cuantía la positividad y negatividad que contempláremos (marcándose en lo horizontal de su grafismo).

Si mi 9, un número que me simboliza por coincidir con varias facetas de mi vida, por ejemplo, siendo el de lista que me perteneció durante bastantes años en el colegio, una repetición en la numeración de mi teléfono móvil y uno de mi buena suerte según dictamino, se completare poniéndose debajo un 0 y haciéndolo así un 8, que es metáfora de la residencia material personal en una positividad y negatividad cuantiosas y armónicas, equivaldría al ¥ de pie o en lo físico, en varios sentidos. Una pajarita se llamare a un lazo que se coloca rodeando el cuello y que incluye la forma de tal dibujo, en cierto modo porque encontré una periquita al cobijo de un macetero en el patio de mi casa en 1989 indicando que el Paraíso está bajo el cobijo de lo material, hallándose así en lo sobrenatural, o bien, vacuo, siendo metáfora, la colocación del atuendo, del Cielo inspirándose lo personal (de cualquiera); sé de una chica que en su móvil se le repite el 8, y expresando yo una hipótesis, si fuere, de ciertos modos que he contado en el párrafo, un periquito la perica, haciéndome un periquete o momentáneo como pareja de la chica a mí y no al cual, entonces en un proceso suicida (que quizá durare muchos años) o instante coincidente al implícito de la frase en un periquete, tal vez siguiere el Paraíso que fuere el ¥, pero no estando así y de otras maneras tal significación del 8 como pudiere acontecerse en el otro caso y el primero motivando más la chulería que no la majestuosidad que cuenta el dicho ser más chulo que un ocho, cuyo origen explícito, además del alternativo anterior, fuere una línea 8 madrileña de bus, y mejor tomaros la conjetura así: las preguntas no ofenden, sino las respuestas.